QCストーリーと QC七つ道具

失敗しない改善の手順と手法

内田 治／吉富公彦

Osamu Uchida / Kimihiko Yoshitomi

日本能率協会マネジメントセンター

はじめに

　QC活動（品質管理活動）の目的は、顧客満足を満たす製品やサービスを経済的かつ安定して供給することです。そのためには、正確な検査と厳重な工程管理が要求されます。一方、検査と工程管理の充実だけでなく、品質に関する改善活動もQC活動の重要な活動として位置づけられています。改善活動は問題解決活動とも呼ばれ、KAIZENという名称で海外にも広まっています。

　改善活動はQCストーリーと呼ばれる手順に沿って進めていくことが推奨されています。QCストーリーは改善活動を効率的かつ効果的に進めるための体系化された改善手順と考えてよいでしょう。

　さて、QCストーリーによる改善活動では、事実に基づく判断が要求されます。事実に基づくとは、データに基づくということです。このデータを収集する、あるいは、処理するための手法として、QC七つ道具と呼ばれる手法を使うことがQCストーリーの活用と並行して推奨されています。

　本書はQCストーリーとQC七つ道具を紹介して、解説するという目的だけでなく、「QCストーリーのどのステップで、どういうデータが必要か」「そのデータを料理するにはどのような手法が必要か」について理解していただくことのほうに主眼を置いています。すなわち、「QC七つ道具をQCストー

リーのどの場面で使えばよいのか」が理解できるような内容になっています。

　本書の構成は以下のとおりです。

　第1章は問題解決活動の概要を解説しています。第2章ではQCストーリー、第3章ではQC七つ道具を紹介しています。第4章はQCストーリーの各ステップにおけるQC七つ道具の使い方を解説しています。第5章はQC七つ道具とは異なる改善に役立つ道具として、新QC七つ道具と呼ばれる手法を紹介しました。第6章は事例を通じて、QCストーリーにおけるもっとも重要なステップともいえる要因解析（原因の追究）の進め方を解説しています。第7章では、QCストーリーとは別の改善手順である課題達成型QCストーリーとシックスシグマ活動と呼ばれる改善活動について、また、第8章では、QC七つ道具の誤った作り方と使い方を紹介しました。そして付録では、パレート図、ヒストグラム、散布図をExcelを使用して作成する方法について紹介しました。

　本書が改善活動を実施するときの参考になれば幸いです。

2017年9月

著者

目次

第1章 カイゼンと問題解決

1	品質の管理と品質の改善	010
2	恒久対策を取るまでが改善	012
3	QC的問題解決における問題とは	014
4	現状と目標に着目した問題の種類	016
5	問題解決のアプローチ	018
6	QC的問題解決法とは	020
▶	統計量のはなし	022

第2章 QCストーリー

7	QCストーリーとは	024
8	テーマの選定	026
9	現状の把握	028
10	目標の設定	030
11	要因の解析	032
12	対策の立案と実施	034
13	効果の確認	036
14	歯止めと定着	038
▶	箱ひげ図	040

第3章 QC七つ道具

15	QC七つ道具の概要	042
16	パレート図	046
17	特性要因図	050
18	チェックシート	054
19	グラフ	058
20	ヒストグラム	060
21	散布図	064
22	管理図	068
▶	幹葉図	078

第4章 QCストーリーとQC七つ道具の対応

23	テーマの選定とパレート図	080
24	現状の把握とヒストグラム	084
25	現状の把握と管理図	086
26	要因の解析と特性要因図	088
27	要因の解析とヒストグラム	090
28	要因の解析と散布図	094
29	効果の確認とヒストグラム	096
30	効果の確認と管理図	098
▶	バブルチャート	100

目次

第5章 新QC七つ道具

31	新QC七つ道具の概要	102
32	連関図法	104
33	系統図法	106
34	マトリックス図法	108
35	PDPC法	110
36	アローダイアグラム法	112
37	親和図法	114
38	マトリックス・データ解析法	116
▶	QC検定（品質管理検定）	118

第6章 QC七つ道具による要因の解析

39	要因解析の事例	120
40	結果で層別する事例	128
41	変化に注目する要因解析の事例	136
▶	QC検定4級	142

第7章 いろいろな問題解決法

42	課題達成型QCストーリー	144
43	シックスシグマ活動による品質改善	148
▶	QC検定3級	150

第8章 QC七つ道具の誤った作り方・使い方

44	ヒストグラムの誤った作り方・使い方	152
45	その他の手法の誤った作り方・使い方	156
▶	QCストーリーとQC七つ道具の対応	160

付録 ExcelによるQC七つ道具

❶	パレート図	162
❷	ヒストグラム	171
❸	散布図	180

第1章

カイゼンと問題解決

品質の管理と品質の改善

恒久対策を取るまでが改善

QC的問題解決における問題とは

現状と目標に着目した問題の種類

問題解決のアプローチ

QC的問題解決法とは

1 品質の管理と品質の改善

品質水準を確保・維持して改善につなげます

自己流では、改善活動が効率的に進まない

■品質管理とは

品質管理とは、顧客（買い手）の要求を満たす品質の製品あるいはサービスを経済的に作り出すための管理技法です。英語では「Quality Control」と表記され、この頭文字をとって、QCと略していわれています。

品質管理の活動は、大きく2つに分けられます。1つめは製品やサービスの品質を一定以上の水準に確保して維持すること、そしてもう1つの活動は改善です。

改善には、製品やサービスの品質に関する改善（品質改善）と業務の改善があります。企業では、どの業務においても、効率的かつ効果的に仕事を進めることが要求されています。そのためには、業務上で発生するさまざまな問題を解決し、常に新しい方法を探索していかなければなりません。これが業務の改善です。改善は問題解決活動ともいわれています。

■改善の進め方と技法

改善は、自己流で進めても効率はあがりません。そこで品質管理の分野では、改善の進め方と技法が明確に提示されています。まず、改善の進め方として推奨されているのがQCストーリーといわれている問題解決手順です。この手順に沿って改善を進めることが効率のよい改善につながります。

一方、技法としてはQC七つ道具と呼ばれる7つの手法が提唱されています。この手法は、データを収集して解析するときに使われます。

さて、品質管理の分野ではPDCAサイクルといわれる管理の手順が推奨

されています。計画（Plan）を立て、実行（Do）して、その結果を確認（Check）して、不都合があれば処理（Act）するという4つの大きなステップに沿って仕事を進め、常にこのステップを回すことを要求しています。このPDCAのサイクルをより詳細に分割して、改善の手順にしているものがQCストーリーであるという見方ができます。

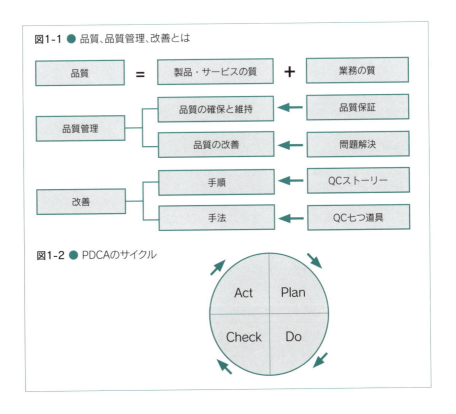

図1-1 ● 品質、品質管理、改善とは

図1-2 ● PDCAのサイクル

> **Point** まず「品質」「品質管理」「改善」について、正しい理解をしてください。

2 恒久対策を取るまでが改善

再発防止をしてこそ改善です

改善活動は永続的に続く

■緊急対策と恒久対策

改善とは、製品やサービス、仕事のプロセスやシステムなどについて、目標を現状より高い水準に設定することで、問題を特定し、解決を行う活動です。改善は「カイゼン」「Kaizen」とも表記されます。また、問題解決活動ともいわれています。

改善では「緊急対策」を施しただけでは改善したことにはなりません。「恒久対策」を取ることが要求されます。たとえば、食品を入れるための袋を製造していたとします。この袋に穴があいていて、そこから食品がこぼれてしまったという不具合が発生しました。

この場合、お客さまにお詫びをして、穴のあいてない袋と取り替えるという対応は、当然しなければいけません。また、袋の製造を一時的に中止して、不具合の拡大を防ぐという対策も必要になるでしょう。

しかし、このような対策は「なぜ袋に穴があいたのか？」という問いに答えていません。こうした対策はあくまでも緊急対策です。この対策を施しただけでは、改善をしたとは言いません。穴があいた原因を追究して、その原因に対して対策を取り、再発防止を図ることが恒久対策であり、こうした対策を取ってはじめて改善だといえます。

■小集団活動は永続的に進めるためのしくみ

改善活動は恒久対策を取るだけでなく、永続的に実施される必要があります。企業には改善すべき問題や課題が無限に存在するので、1つの問題を解決したらそれで終わりということにはなりません。

製造業では、改善を永続的に進めるためのしくみとして、製造現場で働く人々が小集団で改善活動を進めるという仕組みを取り入れています。この活動を小集団活動と呼んでいます。企業によっては、この小集団をQCサークルと呼んでいます。QCサークル活動の基本理念を以下に紹介します。

図1-3 ● QCサークル活動の基本理念

① 人間の能力を発揮し、無限の可能性を引き出す。
② 人間性を尊重して、生きがいのある明るい職場をつくる。
③ 企業の体質改善・発展に寄与する。
　（QCサークルの基本より）

図1-4 ● 改善の本質

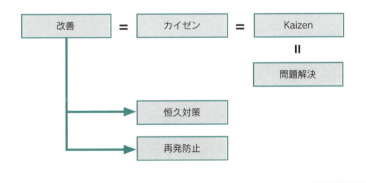

Point 何か不具合があったとき、当面不具合が出ないようにするための処置を緊急対策といいます。しかしこれだけでは不具合は再発してしまうかもしれません。再発しないしくみ、それが恒久対策です。

3 QC的問題解決における問題とは

問題解決では、まず問題を明確にします

目標と現状の差を明確に

■問題解決最初のステップ

改善あるいは問題解決における「問題」とは「目標と現状の差」であると定義されています。この定義から、問題を解決するとは「目標と現状の差がない状態にする」ということです。

問題解決活動は、この問題を明確にすることから始まります。これは、上記の定義からもわかるように、目標と現状の差を明確にするということです。

たとえば、「不適合品率を下げよう」というだけでは、

・不適合品率をいくつにしたいのか

・現状の不適合品率はどの程度か

が不明確です。目標と現状の一方、あるいは両方が不明確である状態では、問題が明確になっているとはいえません。そこで問題解決の最初のステップは、目標の設定と現状の把握であるといえます。

問題には、

・「発生型」の問題：存在あるいは発生していること自体が好ましくない事象（たとえば不良品）がすでに発生してしまっている状態にある

・「設定型」の問題：目標を高く設定することで、現状との差をつくり出す

の2つがあります。

図1-5 ● 問題解決における問題

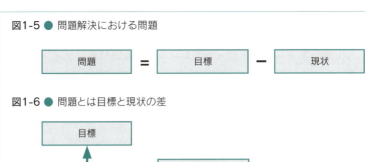

図1-6 ● 問題とは目標と現状の差

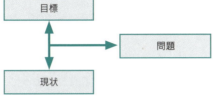

図1-7 ● 発生型と設定型

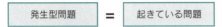

　　　（例）不良品が発生している
　　　（例）火災事故が発生している

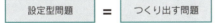

　　　（例）作業時間を短縮したい
　　　（例）売上高を倍増したい

図1-8 ● 原因追究と対策追究

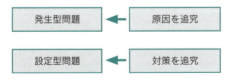

> **Point**　「問題」とは「目標と現状の差」であり、問題を解決するとは「目標と現状の差がない状態にする」ということです。問題は、「発生型」と「設定型」に分けられます。

第1章 カイゼンと問題解決　**015**

4 現状と目標に着目した問題の種類

問題の性格によって解決活動は異なってきます

現状と目標に着目したタイプ分け

　改善活動を効率的に進めるには、問題の性格にあった解決活動を展開する必要があります。問題は、現状と目標に着目することによって、いくつかのタイプに分けられます。

■現状に着目した分類

　現状に着目するときには、まず現状を表している結果の時間的変化を把握します。この変化は、大きく3つに分けることができます。

　① 常に悪い

　② 良いときと悪いときがある

　③ 徐々に悪くなってきている

　次に、ある時点における結果のばらつきを把握します。ばらつきも3つに分けることができます。

　① ねらいは合致しているが、ばらつきが大きい

　② ばらつきは小さいが、ねらいが目標とずれている

　③ ばらつきとねらいの双方に問題がある

　まず、抱えている問題は上記のどのパターンなのかを把握します。時間に着目するときには、折れ線グラフや管理図を使用するとわかりやすくなります。一方、ばらつきに注目するときにはヒストグラムが有効です。

■目標に着目した分類

　次に、目標に着目するときには、その方向によって3つに分けられます。

　❶ 高ければ高いほどよい

　❷ 低ければ低いほどよい

❸ ゼロにしたい

たとえば、売上高をアップさせたいという目標は「高ければ高いほどよい」という問題です。また、コストや作業時間を減らしたいという目標ならば、「低ければ低いほどよい」という問題になります。どちらもゼロにはなりません。しかしたとえば、事故の件数や不適合品の数を減らしたいという目標は、最終的にはゼロにしたいという問題になります。

❶のような問題を増加問題、❷のような問題を低減問題、❸のような問題をゼロ問題といいます。

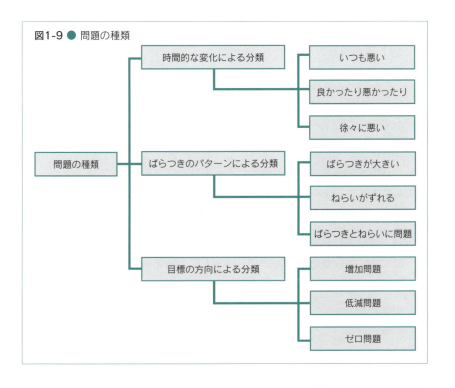

図1-9 ● 問題の種類

Point 問題のタイプは、現状と目標に着目します。現状は「結果の時間的変化」「ばらつきの把握」によって、また、目標は「その方向性」によってそれぞれ分類します。解決すべき問題について、現状に関しては「結果の時間的変化」と「ばらつき具合」に着目し、目標に関しては「その方向性」に着目して、どのタイプかを確認します。

第1章 カイゼンと問題解決　**017**

5 問題解決のアプローチ

それぞれの段階で、必要とされる能力が異なります

段階に対応させて問題のレベルを分ける

■問題解決のステップ

問題解決活動には、大きな3つの段階（ステップ）があります。

① 問題を明確にする段階

② 原因を特定する段階

③ 対策を立案・実施する段階

最初の①は、目標と現状を明確にする段階です。ここでは「何が起きているのか」という問いに対する答えを見つけます。

次の②では、明確になった問題を引き起こしている原因を追究します。この段階を要因解析といいます。ここでは「なぜ起きているのか」という問いに対する答えを見つけます。

最後の③では、問題を解決するための具体的な手段を追究します。ここでは「何をすべきか」という問いに対する答えを見つけます。

この3つの段階に対応させて、次のように問題のレベルを分けることができます。また、それぞれの問題解決に必要とされる能力は、以下のとおりです。

① 問題がわからない　→　観察力

② 原因がわからない　→　分析力

③ 対策がわからない　→　創造力

問題がわからないときには、現場で何が起きているかを探す観察力が必要になります。原因がわからないときには、結果と原因の関係を分析する力が必要になります。そして、対策がわからないときには、どうすればよ

いかというアイデアを創造する力が必要になります。

図1-10 ● 問題解決の3ステップ

| ステップ1　問題の把握（何が起きているのか？） |

| ステップ2　原因の追究（なぜ起きているのか？） |

| ステップ3　対策の立案（どうすればよいのか？） |

図1-11 ● 問題解決に必要な能力

| 1　観察力 ← 問題を把握するときに発揮する力 |

| 2　分析力 ← 原因を追究するときに発揮する力 |

| 3　創造力 ← 解決策を考えるときに発揮する力 |

 問題解決には、問題を明確にする、原因を特定する、対策を立案・実施するという3つの段階（ステップ）があります。

第1章 カイゼンと問題解決

6 QC的問題解決法とは

QC的という方法と思想があります

QC的問題解決がもたらす効果

QC活動における問題解決活動では、QC的な見方・考え方で問題を解決していく「QC的問題解決法」が重視されます。QC的問題解決法は、方法と思想にその特徴があります。

■方法の特徴

QC的問題解決法の方法面での特徴は、問題を効率的、科学的に解決していくところにあります。問題を効率的に解決するために、QCストーリーと呼ばれる手順に沿って問題解決活動を進めます。

また、QC的問題解決法では、問題を科学的に解決するために、「事実に基づく」判断、つまりデータの収集と分析を重視します。収集したデータは、QC七つ道具や統計的方法で分析します。

■思想の特徴

QC的問題解決法における思想面での特徴とは、以下の3点です。

① 重点指向

② ばらつきの重視

③ プロセスの重視

重点指向とは、効果の大きなものから優先して手をつけていこうという考え方です。

次にばらつきの重視とは、同じ結果が得られない状況に着目し、問題の原因を探求しようとする考え方です。

最後にプロセスの重視では、悪い製品がつくられるのは、悪いつくり方をしているからだと考えます。そこで、問題を生み出しているプロセス（方

法、工程）を改善するという考え方です。

　QC的問題解決法を実践すると、「問題解決のスピードアップ」と「問題の再発防止」という効果をもたらします。

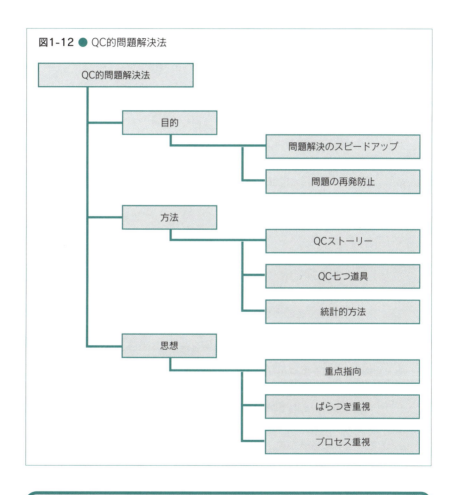

図1-12 ● QC的問題解決法

> **Point** QCでは、問題解決をする際にQC的な見方・考え方をするという特徴があります。方法面での特徴、思想面での特徴をよく理解しておきましょう。

第1章 カイゼンと問題解決　**021**

統計量のはなし

　数量で示されるデータをまとめるときには「中心」と「ばらつき」に注目します。中心を見るために使われる代表的な数値が「平均値」です。いま、次のように5つのデータがあるとします。

8　　　7　　　2　　　6　　　9

　平均値はすべてのデータの合計値をデータの数で割って求めます。この例では　32÷5　で6.4となります。

　平均値のほかに中心を示す数値として「中央値」があります。これはデータを小さい順に並びかえたときに、中央（真ん中）に位置するデータのことです。先のデータ例の場合、小さい順に並び替えると、次のようになります。

2　　　6　　　7　　　8　　　9

　中央値は3番目に位置する7です。中央値より大きな値のデータと小さな値のデータの数は同数になります。

　一方、ばらつきの大きさを見るために使われる代表的な数値が「標準偏差」と呼ばれるものです。先の5つのデータの標準偏差は2.7となるのですが、平均値と合わせて表現すると、データは6.4を中心に、おおよそ±2.7の間でばらついているという見方をします。

　以上に示した平均値、中央値、標準偏差のように、データをもとに計算して得られる数値を「統計量」と呼んでいます。

　品質管理の分野特有の統計量があります。それは「工程能力指数」と呼ばれる数値です。製品には必ず良品とするか不良品とするかを決める規格というものが存在します。たとえば、30～32mmの寸法ならば良品とするというときの30および32という数値のことです。この場合、30のほうを下側規格値（規格下限値）、32のほうを上側規格値（規格上限値）と呼んでいます。工程能力指数は工程がこの規格の幅内の製品をつくり出せる能力を示す数値で、規格の幅（上限規格値－下限規格値）を6×標準偏差で割って求めています。この数値が1を下回るようなときには、工程能力が不足していると判断されます。工程能力指数はC_pという記号で表します。

022

第2章

QCストーリー

QCストーリーとは

テーマの選定

現状の把握

目標の設定

要因の解析

対策の立案と実施

効果の確認

歯止めと定着

7 QCストーリーとは

問題解決のステップは改善ステップでもあります

「現状の把握」と「要因の解析」に力点を置く

■8つのステップ

　問題解決を手順化したものが「QCストーリー」です。このステップは、QCサークル活動の改善ステップとして使われています。

　図に示す8つのステップがQCストーリーの具体的な手順です。書籍や企業によっては、このステップを若干変更して利用する場合もあります。たとえば「現状の把握」と「目標の設定」を1つのステップにまとめて「現状の把握と目標の設定」としたり、「テーマの選定」のあとに「活動の計画」を追加したりしています。

■「現状の把握」と「要因の解析」

　QCストーリーでは、各ステップのうち、とくに「現状の把握」と「要因の解析」に力点を置いています。要因の解析とは、問題を引き起こしている原因を追究することです。

　QCストーリーは、好ましくない結果（不適合品、事故など）がすでに発生してしまっている問題に適用すると効果的です。「どのような悪さが」「どの程度」「いつから発生しているのか」を「現状の把握」で明らかにし、この悪さを発生させている原因を「要因の解析」で追究します。このように、結果から原因を追究していくアプローチを解析的アプローチといい、このアプローチに適した問題を原因指向型問題ということがあります。

　なお、QCストーリーは問題解決のステップとして利用されるだけでなく、改善活動を報告するためのステップとしても利用されます。

024

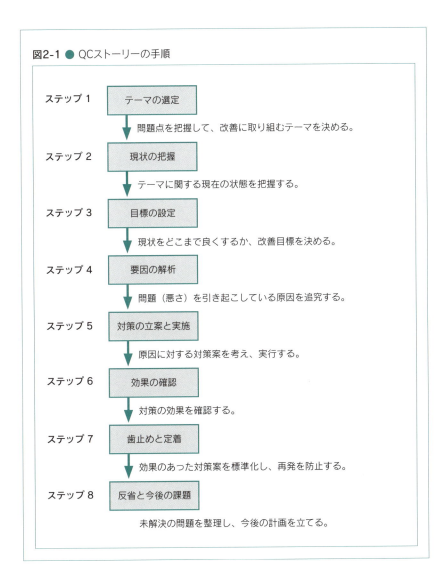

図2-1 ● QCストーリーの手順

> **Point** QCストーリーは、改善活動を報告する際にも有効です。

8 テーマの選定

総合的に判断して、もっとも効果的なテーマを選びます

「悪さを減らす」か「良さを伸ばす」か

■テーマ選定での着目のしかた

改善活動で取り上げるテーマは、以下の要素に着目して選定するとよいでしょう。

① 品質

② コスト

③ 納期・生産量

④ 設備

⑤ 環境

⑥ 作業効率

⑦ 売上げ・利益

テーマの表現は「悪さを減らす方向のものなのか」「良さを伸ばそうとするものなのか」がわかるようにします。

たとえば、

「加工工程の不適合品率を減らす」

「商品Aの売上げを伸ばす」

というように、「何を」「どうする」のかがわかるように表現します。

■テーマの絞込み方

テーマの選定にあたっては、最初に「テーマ候補」を複数あげます。その場合、「困っていること」「心配していること」「次工程に迷惑をかけていること」などを列挙します。

次に、複数のテーマ候補を「効果の大きさ」「緊急性」「重要性」「実現性」

などの観点から評価します。この評価結果を総合的に判断して、取り組むテーマを決めます。

　なお、QCサークル活動では、できるだけグループのメンバーに共通するテーマを選定するようにします。

図2-2 ● テーマ選定のステップ

ステップ1　　テーマ候補の決定

　　　　　　　業務上の心配事、関心事、次工程への迷惑事などを整理し、取り組むテーマの候補を決めます。

ステップ2　　テーマ候補の評価

　　　　　　　テーマ候補を効果の大きさ、緊急性、重要性、実現性といった観点で評価します。評価は、○、△、×といった段階評価をします。

［例］

テーマ名	効果の大きさ	緊急性	重要性	実現性
記入ミスの低減	△	○	○	○
キズ不良の低減	○	○	○	○
検査時間の短縮	○	△	○	×
検査時間の短縮	△	△	○	×

Point グループメンバー全員が困っていることを中心に、
効果の大きなテーマを活動テーマとして選びます。

9 現状の把握

「どう悪いのか」をデータで把握します

悪さ加減は「ばらつき」で見る

■ばらつきの把握

現状の把握では、テーマに関して具体的に「どのように悪いのか」をデータで把握していきます。現状の把握によって明確になった情報は、要因の解析でも利用します。

現状の把握では、問題としている悪さの発生状況にばらつきがあるのかどうか、ばらつきがあるならば、どのようにばらついているのかを把握します。ばらつきの把握とは、たとえば、悪さがいつも発生しているのか、発生するときとしないときがあるのか、どの工場でも悪さが発生しているのかといったことを把握することです。

ばらつきの有無を把握する際のポイントは、

① 時系列で（時間順に）変化を見る

② 層別して違いを見る

ことです。

時系列で見ることによって、いつも悪いのか、あるいは急に悪くなってきたのかなど、そのクセを把握することができます。

また、工程別、方法別、原料別、人別、症状別など、さまざまな観点から層別して現状を把握することで、悪さが発生するケースと発生しないケースがあるのかどうかを発見することができます。

層別とは、共通なものどうしを集めること、違うものを分けることを意味しています。たとえば、不良率を製造工場で層別して把握するという言い方をします。

図2-3 ● 層別

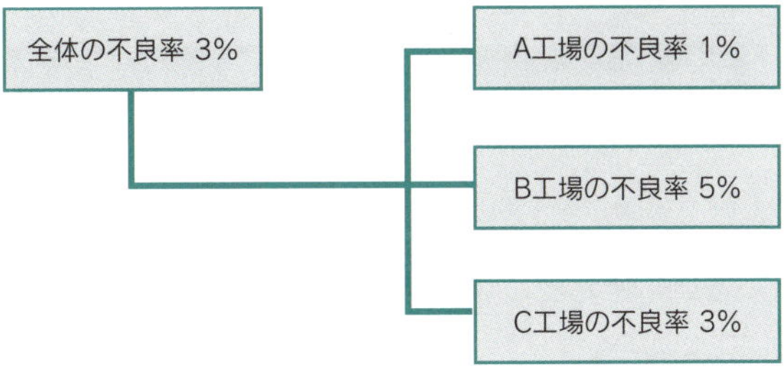

```
全体の不良率 3%  ┌─ A工場の不良率 1%
                ├─ B工場の不良率 5%
                └─ C工場の不良率 3%
```

図2-4 ● 現状把握のステップ

ステップ 1　悪さ加減の把握

取り上げたテーマに関して、どのような悪さがあるのかを明確にする。また、悪さはどの程度発生しているのかを明確にする。
［例］
キズ不良率　5%（不適合品数　1日平均　20袋）

ステップ 2　時間的変化の把握

折れ線グラフなどを利用して、悪さの発生がどのように時間的に変化しているのかを把握する。

ステップ 3　層別

問題にしている悪さを、たとえば、現象別（症状別）、場所別、機械別、原料別、担当別など、さまざまな観点で層別し、違いを把握する。

Point ばらつきは「時系列」と「層別」によって把握します。

第2章 QCストーリー　029

10 目標の設定

目標は極力数値で示します

目標は「何を」「どこまで」「いつまでに」

■目標設定のしかた

　目標はできるだけ数値で示すようにします。目標が数値で示せないテーマである場合は、そのあるべき姿を定性的に示すことになります。

　目標を設定するということは、次の3つを明確にすることです。

① 目標項目

② 目標値または目標レベル

③ 期限

　言い換えると、目標の設定とは「何を」「どこまで」「いつまでに」達成するかを表現することです。目標項目で「何を」を明確にし、達成基準で「どこまで」、達成期限で「いつまでに」を明確にします。

■目標値とは

　数値で示された目標の達成基準を目標値といいます。目標値は、現在の水準を示した現状値と併記するほうがわかりやすくてよいでしょう。単位も現状値と目標値は同じものにします。たとえば次のように設定します。

【例】

　　目標項目：キズ不良率

　　達成基準：目標値＝1％（現状値＝3％）

　　達成期限：2020年8月末日

　なお、目標の達成基準を数値で示すことが難しいテーマもあります。たとえば「品質保証体制の構築」といったようなテーマです。こうした場合には、構築された状態を言葉で表現します。このとき、構築できるとどの

ようなメリットがあるのかと考えて、それを数値で表現してみます。たとえば、クレーム件数を目標値の1つに設定するというように数値化するための工夫をします。

目標値は願望ではなく、達成できるかどうかの可能性と、なぜ達成しなければいけないかという必要性を考えて決めるべきです。

目標値の目安は、数値が小さいほどよい場合は、現状の2分の1から3分の1を、大きいほどよいような場合は、1.5～2倍程度をねらいにするとよいでしょう。ただし、人身事故のような人命にかかわるテーマでは、常にゼロを目標値に置きます。

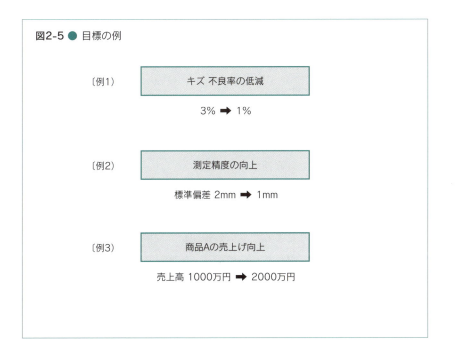

図2-5 ● 目標の例

〔例1〕 キズ 不良率の低減
3% ➡ 1%

〔例2〕 測定精度の向上
標準偏差 2mm ➡ 1mm

〔例3〕 商品Aの売上げ向上
売上高 1000万円 ➡ 2000万円

> **Point** 目標値は、低減問題なら「半減」、増加問題なら「2倍」をねらうとよいでしょう（＊安全・法規問題などを除く）。

11 要因の解析

実験・調査・過去のデータを活用してデータで示します

問題原因を追究して、真の原因を特定する

■要因解析のしかた

　要因の解析とは、問題の原因を追究して真の原因を特定することです。QCストーリーの中で、もっとも重要視されるステップです。

　要因の解析は、次の3つのステップで構成されます。

　① 原因候補の洗い出し

　② 原因候補の絞り込み

　③ 真の原因の確認

　原因を追究するには、まず考えられる原因をリストアップします。これが原因候補の洗い出しです。「考えられる」原因ですから、リストアップされた原因はあくまでも候補です。

　次に、リストアップされた複数の原因候補の中から、本当の原因である可能性が高いものを選択します。これが原因候補の絞り込みです。

　そして最後に、絞り込まれた原因候補が真の原因であるかどうかを、実験や調査によってデータに基づいて確認します。これが真の原因の確認です。実験や調査が不可能なときには、記録されている過去のデータを利用します。

　なお、実験を行うときには、実験計画法と呼ばれる学問が役に立ちます。実験計画法を学ぶと、効率的な実験データの集め方を身につけることができます。

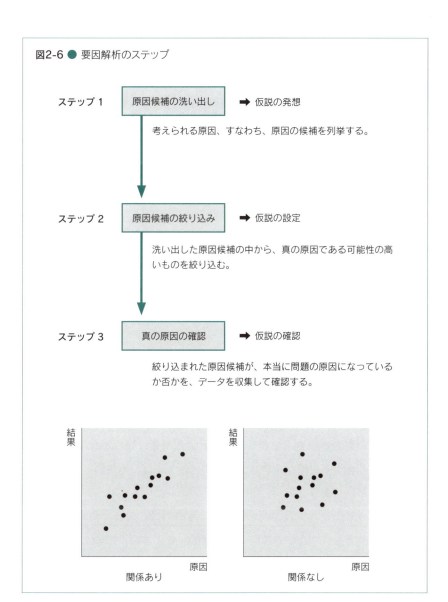

図2-6 ● 要因解析のステップ

ステップ1　原因候補の洗い出し　➡ 仮説の発想

考えられる原因、すなわち、原因の候補を列挙する。

ステップ2　原因候補の絞り込み　➡ 仮説の設定

洗い出した原因候補の中から、真の原因である可能性の高いものを絞り込む。

ステップ3　真の原因の確認　➡ 仮説の確認

絞り込まれた原因候補が、本当に問題の原因になっているか否かを、データを収集して確認する。

 要因解析は、「リストアップ」して「絞り込んで」「データで確認」します。

12 対策の立案と実施

QCストーリーで取り上げるのは「恒久対策」です

「原因を除去」するか「影響を遮断」するか

■対策の種類

対策には「応急対策」と「恒久対策」があります。不良品となった製品を修正して、良品にするのが応急対策です。一方、不良品の発生原因を取り除いて、再発防止をねらいとした対策をとるのが恒久処置です。

QCストーリーにおける対策の立案とは、応急対策ではなく恒久対策のことです。恒久対策をとるには、要因の解析で明確になった原因に対して対策をとることが必要になります。

原因に対する対策は、次の2つに大きく分けることができます。

① 原因を除去する対策

② 原因の影響を遮断する対策

原因そのものを除去することができれば、問題は発生しなくなります。しかし、それが不可能な場合もあります。たとえば、事故の原因は雨が降るからだというような場合、雨が降らないようにするという対策は不可能です。こうしたときには、雨が降るという原因はそのままにしておいて、雨が悪さの発生につながらないような対策を考えます。このような対策が原因の影響を遮断する対策です。

■対策実行上の留意点

対策を練るときは、まず複数の案を出します。次に、それらの対策案を「効果の大きさ」「費用」「実現性」「安全性」「副作用」などの観点で評価し、実行に移す対策を決定します。

対策の実行にあたっては、「誰が」「いつ」実施するのかを明確にした実

行計画を立てます。なお、一挙に多数の対策を実施すると、効果があったときに、どの対策が効いたのかわからないという問題が起きるので注意が必要です。

対策案を実施するには、実行計画を立てて、その計画どおりに対策が進むように進捗管理を行います。このときに有効な手法として、ガント・チャート（バーチャート）があります。

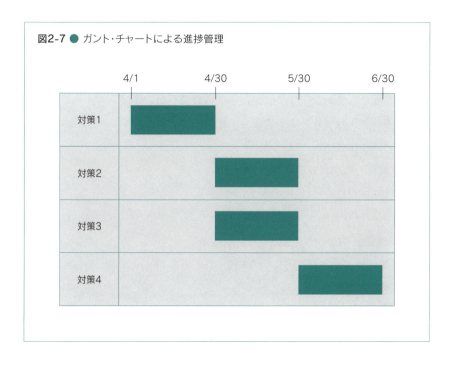

図2-7 ● ガント・チャートによる進捗管理

> **Point** 「誰が」「いつ」やるかを実行計画に落として、計画どおりに進むように進捗管理をします。

13 効果の確認

具体的な数値として把握し、視覚的に表現します

効果は目標の達成具合いで評価する

■効果の把握方法

対策を実施したら、その効果を確認します。効果の有無は、最終的には目標を達成できたかどうかで判断します。また、実施した対策が別の問題を引き起こしていないこと（副作用）の確認も行います。

対策の効果は、次のような観点で把握します。

① 目標値を達成しているか

② 現在の状態より改善されているか

③ 対策のねらいは達成できているか

④ 副作用は発生していないか

⑤ 効果を金額で示すといくらになるか

⑥ 想定外の効果は生じていないか

■把握後にやること

対策の効果は具体的な数値として把握し、グラフや表などを使って視覚的に表現します。このとき、対策後の結果だけではなく、対策前と対策後を比較できるように表示します。さらに、目標値も合わせて表示します。

対策を打ったにもかかわらず効果が見られない場合には、

① 目標値が高すぎたのか

② 原因と思っていたものが見当はずれであったのか

③ 対策が間違っていたのか

④ 効果が現れるのに時間がかかるのか

という視点でその理由を考えます。

036

図2-8 ● 対策と効果の関係

対策と効果の関係は、次の4つのケースに整理できる。

		対策	
		実施	未実施
効果	あり	①	②
	なし	③	④

① のケースのとき ➡ 対策案を標準化

② のケースのとき ➡ 原因究明（なぜ良くなったのか）

③ のケースのとき ➡ 対策の見直し

④ のケースのとき ➡ 対策の実施

図2-9 ● 効果の確認

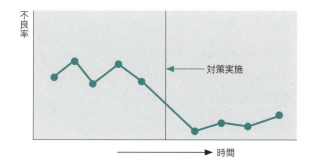

> **Point** 改善の前後が比較できるように、グラフや表などを使って、目で見てわかるように効果を示します。

14 歯止めと定着

効果が永続できるように、再発防止に努めます

5W1Hを明確にして「標準化」する

■標準化の考え方

　対策の効果が確認できたときには、その効果が永続するように維持管理をして、再発防止に努める必要があります。このためには、効果のあった対策を標準として定め、遵守するようにすることが大切です。

　標準を設定して活用する行為を「標準化」と呼んでいます。効果のあった対策や業務を標準化するためには、

① 誰が（Who）

② いつ（When）

③ どこで（Where）

④ 何を（What）

⑤ 何のために（Why）

⑥ どういう方法で（How）

行うのかという5W1Hを明確にします。

■標準書の作成

　次に、これを標準として定めて文書化します。それが「標準書」です。標準書には、作業中のコツや留意点も記載します。

　標準書ができても、「いつでも」「誰もが」標準どおりの作業をしてくれるとは限りません。標準どおりに作業が行われているかどうかをチェックし、標準が守られていなければ是正していく管理体制が必要です。このような管理を「維持管理」あるいは「日常管理」といいます。なお、標準は必要に応じて、あるいは定期的に見直しをする必要があります。

図2-10 ● 標準書の要件

作業標準書には、次のような項目を記載しておく。

```
・工程名

・作業名

・作業目的

・担当者（職場名）

・使用器具と機械

・作業手順

・作業上の留意点とコツ

・作業前後の留意点

・標準の制定日／改定日

・管理者と責任者
```

図2-11 ● 手順書と標準書

標準書	=	手順書	+	作業のコツ

> **Point** 標準をつくり、標準を守り、標準どおりかをチェックして管理します。

第2章 QCストーリー　039

箱ひげ図

　数量データをグラフで表現するときには、下図のようなヒストグラムが使われます。このヒストグラムの代用グラフとして箱ひげ図と呼ばれるグラフがあります。

● ヒストグラムの例

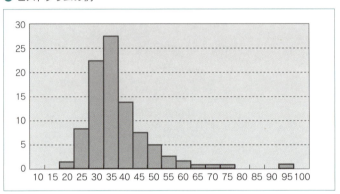

● 箱ひげ図の例

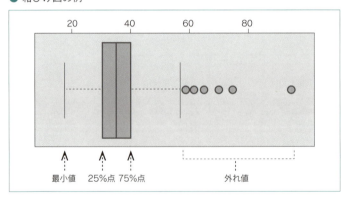

　箱の中央に引かれた縦の太線は中央値です。箱の中に中央値周辺の50％のデータが含まれるようになっています。箱の横幅はデータのばらつきの大きさを示しています。箱の両端から出ている横線がひげで、この長さで全体のばらつきの大きさを把握します。ひげ端から飛び出してプロットされている点は外れ値です。この例では外れ値が6個存在していることがわかります。

第3章

QC七つ道具

QC七つ道具の概要

パレート図

特性要因図

チェックシート

グラフ

ヒストグラム

散布図

管理図

15 QC七つ道具の概要

よく使う品質管理手法をまとめたものがQC七つ道具です

目的によって7つの手法を使い分ける

　QC七つ道具とは、さまざまな問題を解決していく際によく使われる品質管理手法をまとめたものです。パレート図、特性要因図、チェックシート、グラフ、ヒストグラム、散布図、管理図の7つがあり、「きゅーなな」と略されることもあります。以下に、その特徴を簡単に説明します。

①パレート図（**図3-1**）：問題への取組み範囲を、重点指向で決定するための判断材料として用いる

②特性要因図（**図3-2**）：問題を引き起こしている原因を特定するために、その候補を見える化する

③チェックシート（**図3-3**）：確認漏れを防いだり、簡単なデータ集計をする

④グラフ（**図3-4**）：円グラフや折れ線グラフのように、1つの手法として取りあげなかったさまざまなグラフ

⑤ヒストグラム（**図3-5**）：規格値に対してなど、データのばらつき具合や分布を調べる

⑥散布図（**図3-6**）：2つの特性値間に関係がありそうかどうかを調べる

⑦管理図（**図3-7**）：製造工程が安定して生産できているかどうかを調べる

　では、それぞれの手法について詳しく見ていきましょう。

Point 問題を解決したいときに用いる
データを分析するための「道具」です。

図3-1 ● パレート図

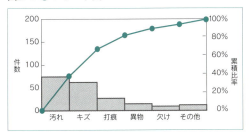

図3-2 ● 特性要因図

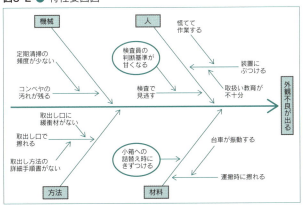

図3-3 ● チェックシート

工程名	欠点の種類	数量チェック欄	数量合計
第1組立	汚れ	𝍲 𝍲 𝍲 𝍲 |||	23
	キズ	𝍲 𝍲 ||	12
	打痕	𝍲 𝍲 𝍲 ||	17
	異物	||||	4
	欠け	||	2
	その他	𝍲	5
第2組立	汚れ	||	2
	キズ	||||	4
	打痕	𝍲 𝍲 𝍲 ||||	19
	異物	|||	3
	欠け	𝍲		6
	その他	𝍲 ||	7
第3組立	汚れ	||	2
	キズ	𝍲 𝍲 |||	13
	打痕			1
	異物	||	2
	欠け		0
	その他	||	2

第3章 QC七つの道具

図3-4 グラフ

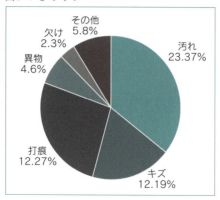
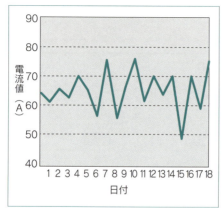
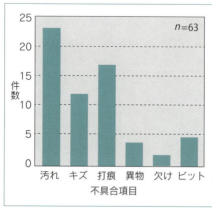

図3-5 ● ヒストグラム

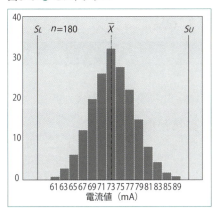

図3-6 ● 散布図

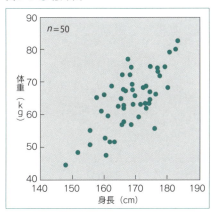

図3-7 ● 管理図

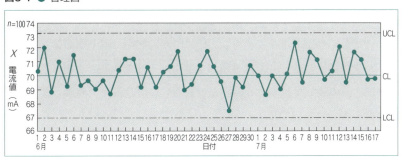

第3章 QC七つの道具　**045**

16 パレート図

重点的に取り組む対象を選択するための道具です

全体に対する占有率が見てわかる

■パレート図とは

　パレート図とは、層別されて出てきた取組み対象を重点指向で選択して取り組む際に、客観的に判断するための補助ツールです。単に大きい順に並べた棒グラフとは、全体に対する占有率を示しているところが大きく異なります。

　たとえば15品種の製品で不良品が発生していたとします。どの製品に不良品が多いのかがわからないので、集計をしてみると、**表3-1**のような順位になっていることがわかりました。しかし、数字だけでは大小関係がわかりにくいので、まずグラフ化します。棒グラフにした結果が**図3-8**です。

　では、不良がもっとも多い製品Aの不良品を減らすことだけに専念すればよいのでしょうか。このようなときに、重点指向で判断するための道具がパレート図です。

　製品J～製品Oを「その他」としてまとめ、パレート図にしたものが**図3-9**です。どうでしょう。製品Aの不良品だけに専念したのでは、不良品全体の半分にも至りません。もし、いくつかの製品に取り組めるだけの時間的、または人数的、または金銭的な余裕があるならば、せめて不良品全体の約3分の2となっている製品A～製品Cに取り組んでみようという発想になるのではないでしょうか。

　このように、全体に対する比率を確認し、どこまでを優先的に取り組むべきかを判断するためのツールがパレート図です。

表3-1 ● 製品ごとの不良品数　　　　　　　　　　　　（単位：個）

製品A	1000	製品F	85	製品K	70
製品B	350	製品G	80	製品L	60
製品C	300	製品H	80	製品A	40
製品D	150	製品I	75	製品M	30
製品E	90	製品J	70	製品N	20

図3-8 ● 不良品数の棒グラフ

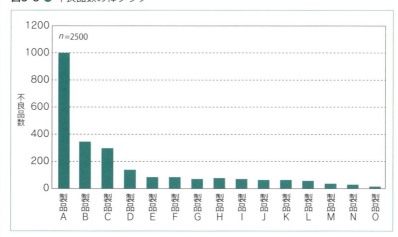

図3-9 ● 不良品数のパレート図

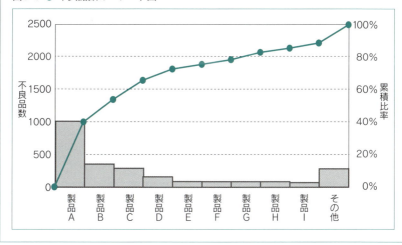

第3章 QC七つの道具　**047**

■**パレート図の活用**

　パレート図を作成する際には、特性値に数量を取ることが多いでしょうが、金額換算したものも一緒に描くようにしましょう。それは、数量が多いほど問題が大きいとは一概には言えないからです。

　たとえば、廃棄するしかないキズ不良の対象製品が製品A、製品B、製品C…と何種類かあり、**表3-2**のように製品Aの不良品が1000個、製品Bの不良品が200個あったとします。パレート図の縦軸を不良品数にすると、**図3-10**のようになります。これを見ると、製品Aだけで7割弱を占めているので、キズ不良低減のための活動は製品Aを優先的に取り組んでもよさそうです。

　しかし、**表3-3**のように製品Aの単価が10円、製品Bの単価が180円だったとしたら、製品Aに対する取組みを優先させるでしょうか。金額換算をしてパレート図を描いたものが**図3-11**です。これは**図3-10**の結果とは異なり、金額では製品Bだけで7割強を占めていることから、製品Aより製品Bを優先的に取り組むことになるでしょう。

　数量評価と金額評価の結果がさほど変わらなければ問題ありませんが、この例のように結果が異なる場合は注意が必要です。**図3-12**に示すように2つのパレート図を並べて比較検討しましょう。

　企業経営では、最終的に利益を増やさなくてはなりません。金額（この場合は損失金額）はとても大切な指標です。件数と金額とのパレート図の結果が異なる場合は、お客さまへの影響度や自社への影響度を総合的に勘案して、優先的に取り組む範囲を決定してください。

数量だけでなく、金額換算した結果も特性値として
パレート図にしてみると、取り組む対象がよりハッキリわかります。

表3-2 ● 製品ごとの不良品数

製品名	不良品数（個）
製品A	1000
製品B	200
製品E	90
製品C	70
製品D	55
その他	85

表3-3 ● 製品ごとの不良品数と金額換算

製品名	不良品数（個）	製品ごとの単価（円）	製品ごとの損失金額（円）
製品B	200	180	36000
製品A	1000	10	10000
製品D	55	30	16500
製品C	70	10	700
製品E	90	7	630
その他	85	-	1020

図3-10 ● 不良品数を縦軸にしたパレート図

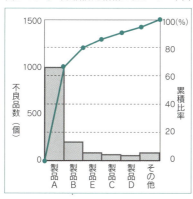

図3-11 ● 金額を縦軸にしたパレート図

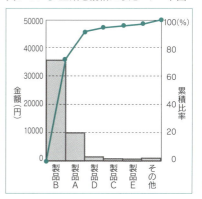

図3-12 ● 横に並べたパレート図

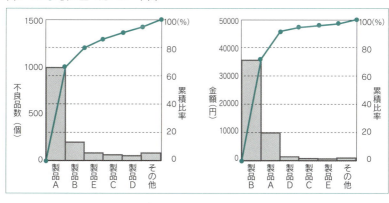

17 特性要因図

想定した要因の中に真因があるとは限りません

要因を漏れなく抽出できる

■特性要因図とは

特性要因図は、問題を引き起こしている原因を突き止めるために、さまざまな要因を漏れなく抽出し、効率的に調査を進めていくためのツールです。

現状把握が済んだ段階では、原因の候補となる「要因」がいくつか浮かんできます。その要因の1つが真の原因(真因)であれば問題ないのですが、なかなかそうはいきません。それは、担当者の思い込みによって真因とは違う要因を調査したり、そもそも想定していた要因の中に真因が存在しないということが少なからずあるからです。

そこで作成するのが特性要因図です(**図3-13**)。その際、問題の悪さを「特性」として明確にした上で、漏れなく要因を抽出できるようにするために、大骨として4M(人、機械、材料、方法)を考えます(**表3-4**)。これらをきっかけとして、関係者でブレーンストーミングなどによって要因抽出をすれば、見落としは少なくなります。さらに見落としをなくすためには、**表3-5**のように5M1Eまで考えるとよいでしょう。

漏れなく抽出できれば調べ損なうことも防げるし、何より関係者全員が特性要因図をチェックすることによって、早期に真因にたどり着けるようになります。

■特性要因図の活用

特性要因図の完成系は、**図3-14**のように、要因をさらに絞り込んで、まずこれが真因だろうと〇印をつけ終えたものとなります。

表3-4 ● 4Mとは

人	Man
機械	Machine
材料	Material
方法	Method

表3-5 ● 5M1Eとは

人	Man
機械	Machine
材料	Material
方法	Method
測定	Measurement
環境	Environment

図3-13 ● 特性要因図の例

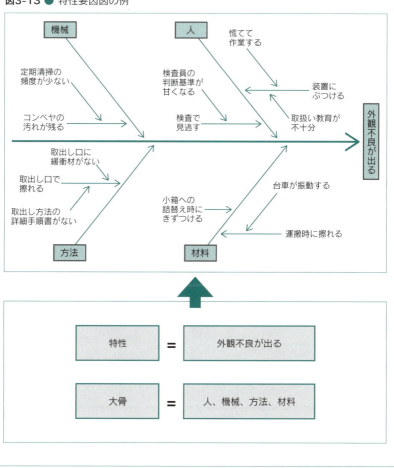

さてここで、問題解決に不慣れな人がよく陥る間違いについて触れておきます。それは「○印は、関係者全員で議論したのだから、これが原因で間違いない」と思い込んでしまうことです。これは単なる思い込みですから、絶対にやらないように注意しましょう。

　品質管理では、三現主義の実践が大切です。そこで、ここからは「検証活動」を行います。「検証」とは、想定していることを「データや現場観察などにより、想定と事実が一致していること」を確認する活動です。

　検証の内容を図3-14の例で説明します。製品のキズや打痕などの外観不良が出ているときに、関係者で図のような特性要因図を作成しました。このとき、材料となる部品を大きな梱包箱から小箱に詰め替えている作業が定常的に行われているので、「詰替え作業でキズがついているに違いない」と考えました。ここまではよいのですが、これが原因だから「詰替え作業をていねいに行う」という作業標準をつくるのは間違いだということです。

　この場合の検証とは、たとえば以下のようになります。
①詰替え作業が行われている現場に行く
②部品を大箱から小箱に詰め替える際に、部品同士をこすっていないか、何か硬いものに部品を接触させていないかを見る
③部品同士がすれたり、何か硬いものに部品が接触したならば、実際にその部品を手に取って、新しいキズがついていないかを確認する
④さらに、まったくキズがついていないことを確認した部品を用いて、同様の作業を行ったときにキズがつくかどうかを確認する

Point 4Mに分けていくと、要因を漏れなく抽出できます。
絞り込んだ要因が真因かどうかの検証を必ず行います。

ここまでやってはじめて検証を行ったと言えるのです。

　今まで要因を絞り込んだのにうまくいかなかったという読者の皆さんは、こうした検証活動を励行してください。対策は、要因が真因であることを検証できた後のステップになります。

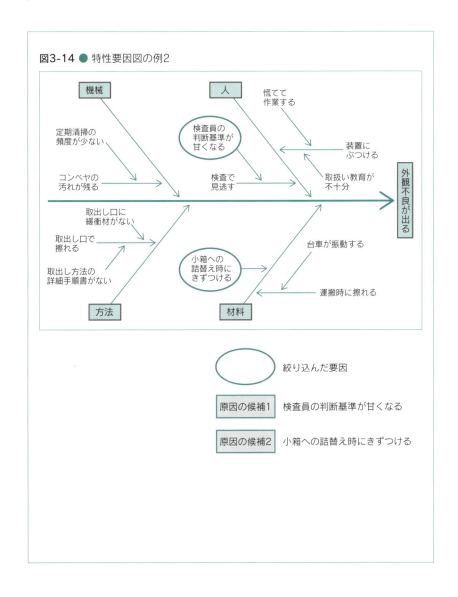

図3-14 ● 特性要因図の例2

18 チェックシート

「漏れを防ぐ」「数を集計する」2種類があります

使う目的に応じてアレンジする

■チェックシートとは

チェックシートの使い方は、大きく2つに分類できます。まず1つめは、その名のとおり確認漏れを防ぐための道具、2つめは数を間違えずに集計するための道具です。使い方は工夫によって多種多様なので、どれが正しいとはいえません。使う目的に応じてアレンジすることが大切です。

■チェックシートの活用

チェックシートを活用するときに正解などはありません。そこで、基本となる2つのパターンについて、事例を通して使い方を確認してみましょう。

〔点検チェックシートの例1〕

最初の事例は**表3-6**で、設備点検用に用いた場合のチェックシート例です。

設備の日常点検で確認すべき項目をすべてあげておき、基本は○×式でチェックして、どうしても数値を残さなければならないところは、数値を記入するようにして運用します。チェックを○×式にすることで記録の手間を省きながら、また点検した記録を残しておくことができます。

〔点検チェックシートの例2〕

表3-7の事例も同じ点検チェックシートですが、サプライヤー監査に用いた場合のチェックシートの例です。この例では、どの用途で用いたかというよりも、あらかじめ評価ランクを1～5のように設けておき、○を付けるだけでチェックが済むようにしているという点が活用ポイントです。

054

表3-6 ● 設備点検チェックシートの例（1）

組立設備　日常点検　　　　　　　　2016年6月度

日付	点検項目						点検者	備考
	部品ピックアップ	組立精度±0.3mm	製品送り動作	注油				
				No.1	No.2	No.3		
1	○	+0.11	○	○	○	○	松本	
2	○	−0.08	○	○	○	○	加藤	
3	○	−0.12	○	○	○	○	高橋	
4	○	−0.04	○	○	○	○	佐藤	
5								

点検用

表3-7 ● 設備点検チェックシートの例（2）

サプライヤー監査用チェックシート
サプライヤー様名：日本能率工業（株）

監査日：2017.01.15
監査者：佐藤太郎

チェック項目	レベル					備考
品質保証体系図がある	1	2	3	④	5	
一昨年度対比で前年度のクレームが半減している	1	2	3	④	5	
部門横断的活動が有効に機能している	1	2	③	4	5	
サプライヤーの監査を定期的に行っている	1	2	3	④	5	
情報セキュリティ対策が構築されている	1	②	3	4	5	
		2	3	4	⑤	

データ収集用

〔計数用チェックシートの例〕

　次の事例は**表3-8**で、数を数えて集計するためのチェックシートです。3つの組立工程があって、どの工程でどのような不良がいくつ発生しているかを確認した例です。数を数える際には、不良が1つ出るごとに「＼」

表3-8 ● 製品の不良項目ごとの数量チェックの例

工程名	欠点の種類	数量チェック欄	数量合計
第1組立	汚れ	正 正 正 正 ／／／	23
	キズ	正 正 ／／	12
	打痕	正 正 正 ／／	17
	異物	／／／／	4
	欠け	／／	2
	その他	正	5
第2組立	汚れ	／／	2
	キズ	／／／／	4
	打痕	正 正 正 ／／／／	19
	異物	／／／	3
	欠け	正 ／	6
	その他	正 ／／	7
第3組立	汚れ	／／	2
	キズ	正 正 ／／／	13
	打痕	／	1
	異物	／／	2
	欠け		0
	その他	／／	2

棒グラフなどでグラフ化

を書き、5つめには横長の「／」というようにして数えます。計数作業終了後に、項目ごとの合計を書き込みます。このようにすると、製造現場で数を間違えずに素早く記録できます。

基本的な3つの活用例を見てきましたが、これらはあくまでも基本です。チェックシートを有効活用するためには、仕事の目的に応じて独自の工夫を加えることが大切です。

計数チェックを終えたら、図3-15のようにグラフ化して、結果を視覚的に確認できるようにしましょう。

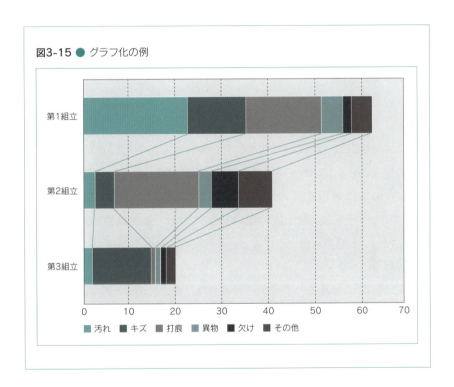

図3-15 ● グラフ化の例

Point チェックシートを有効活用するには、基本にとらわれずに、目的に応じた独自の工夫が必要です。

19 グラフ

何を見るかによって、使うグラフが異なります

それぞれのグラフの特徴をつかむ

■グラフとは

グラフは、円グラフ、折れ線グラフ、棒グラフ…というように、QC七つ道具の1つの手法として取りあげられていない、さまざまなグラフのことです。

■グラフの活用

代表的なグラフの事例を用いて、その活用の考え方を紹介していきましょう。

まずは**図3-16**の円グラフです。円内全体を100%として、どの項目がどの程度の大きさなのか、円弧の面積で視覚的にわかるのが特徴です。

次に**図3-17**の折れ線グラフです。時間的な傾向を見たいときに使います。したがって、横軸は基本的に時間軸です。時間軸以外である場合は、伝えたいことを折れ線グラフで言い表せているかどうかについて、もう1回確認してみましょう。

次に**図3-18**の棒グラフです。横軸の項目間ごとの大小関係を比較するときに使います。単に大小関係だけを示したい場合は、**図3-17**の折れ線グラフではなく、棒グラフで表現しましょう。

最後に**図3-19**の帯グラフです。縦軸の項目間の時間的な変化や大小変化を見るのに適しています。

ここで示したのは、多種多様にあるグラフの一例です。そのほかよく使われるグラフとして、レーダーチャート、面グラフ、積上げ棒グラフなどがあります。

ただし、多種多様にあるグラフの選択で重要なポイントは、「自分が主張したいことがグラフを見ただけですぐわかるか」ということです。

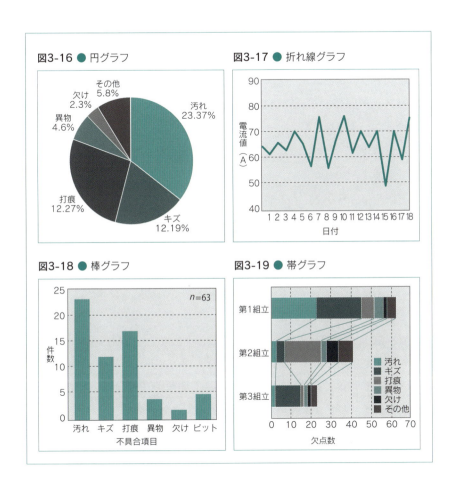

> **Point** 大切なのは、主張したいことが見てわかるかという点です。

20 ヒストグラム

データのばらつきを見るための道具です

分布形状を見れば、母集団の分布が推定できる

■ヒストグラムとは

　ヒストグラムは、データがどのようにばらついているかを見る道具です。このばらつきを見る際に、まず基準となるのは規格です。下限・上限の両側規格の場合、次のような視点でヒストグラムの分布形状を見ることで判断できます。

- 下限規格より小さいものはないか
- 上限規格より大きいものはないか
- 規格を外れて不良品となっているものがある場合、それはどの程度の数が出ているのか
- もし不良品がなかったとしても、もっと多くの製品を調べたら、不良品が発生する心配はないか

　図3-20に分布形状を示します。分布形状とは、柱（棒）の肩の点を滑らかな線で結んでいき、結ばれた線全体の形のことです。分布とは取得したデータから得られた分布形状ではなく、図3-21に示すように母集団全体の形のことを意味すると考えればよいでしょう。

　無作為に選んだデータであれば、通常母集団の特徴を引き継ぐはずです。ですから、ヒストグラムの分布形状を見れば、母集団の分布を推定することができます。

■ヒストグラムの活用

- 必ず規格線を描く

　まず、データを採取した際に気にかかるのは、製品規格や社内規格を満

図3-20 ● 分布形状を示した例

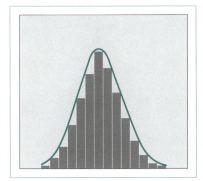

図3-21 ● 分布の例

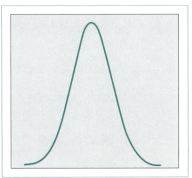

図3-22 ● ヒストグラムの例

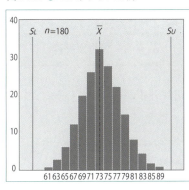

図3-23 ● 母集団の分布形状のイメージ

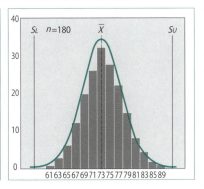

図3-24 ● 二山の例

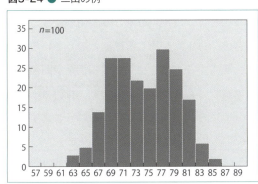

第3章 QC七つの道具　061

たしているかどうかです。ヒストグラムを描いたら、**図3-22**のように、必ず規格線を描きましょう。すると、規格内に入っているかどうかが一目瞭然です。とりあえず、$n = 180$では不良が発生していないことがわかります。

　気を付けなければならないのは、もっとデータ数が増えるとどうなるかを想定しなければならないということです。**図3-22**の$n = 180$では、たまたま不良品が出なかったという見方をすべきだということです。

　データ数が多くなると、母集団の分布形状に近づいていきます。そのイメージが**図3-23**です。両端の柱よりも母集団の裾野は広がっていると想像してみることが重要です。

• 分布形状の違いによる解析方針

　図3-24は二山形の例です。この場合は頂上らしきものが2つあるので二山型ですが、3つあれば三ツ山形ということになります。

　このように2つ以上の頂上がある場合の基本的な解析方針は、次のとおりです。

　まず、二山形に見えたなら、2つの正規分布が重なっていると仮定できるかどうかを想像します。**図3-25**はその想像図です。まず、おおよそでよいので2つの正規分布の頂点とヒストグラムの頂点が重なり、それぞれの正規分布の裾野とヒストグラムの裾野が一致するかどうかを見ます。さらに正規分布同士の交点が、柱の高さの約半分であるかどうかを見ます。**図3-25**の両矢印の長さが上下で等しい場合は、二山形だと仮定できます。

　二山形が仮定できるということは、母平均の異なる集団が混ざっていることを意味します。この場合は、母平均が異なる原因となっている質的な原因が存在するはずなので、該当するものを探しあてる活動が問題解決に繋がります。質的な原因とは、たとえば作業者が異なる、材料メーカーが異なる、作業方法が異なる、測定方法が異なるなどがあげられます。

　またこれと同様に、**図3-26**のような離れ小島形があります。二山形と若干異なるのは、母集団というほど大きな集団ではないということです。このようなことが起こるのは、部分的に作業ミスが生じたとか、瞬間的な

停電により一部の製品の特性がおかしくなったなど、一部の集団に異常が起こった場合によく見られます。そこで離れ小島形を確認できた場合には、何か異常がなかったかを調査することがポイントとなってきます。

なお、柱の度数が1個、2個というように、頂上が確認できないものを島と判断するのは過剰反応となります。島かどうかが気になるのであれば、さらにデータ収集を続けます。柱の度数が1個、2個のときは、通常は裾野が広がっている（ばらつき幅が広い）ために観測されたものと考えます。

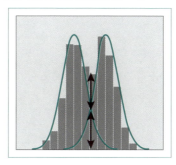

図3-25 ● 二山分布のイメージ

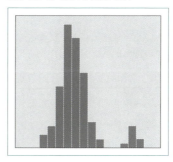

図3-26 ● 離れ小島形の例

> **Point** ヒストグラムに規格線を描けば、規格内に入っているかどうかが一目瞭然です。

第3章 QC七つの道具　063

21 散布図

2つのデータグループで相関があるかどうかを調べます

原因と結果の関係調査に役立つ

■散布図とは

　散布図は、2種類のデータがあるときに、データ間に関係があるかどうかを調べるための道具です。身近な例は、身長と体重の関係です。**図3-27**が散布図の例です。

　製造現場では、電圧や長さなどの量的な特性値が不良となっている際に、量的に変動する条件が不良の要因として考えられるとき、変動要因と特性値をペアでデータをとって散布図を描けば、関係がありそうかどうかを推定できます。

■散布図の活用

　ある製品において、液状の樹脂を製品の一部に塗布し、加熱して硬化させる、**図3-28**のような製造工程があるとします。従来は樹脂硬化後の樹脂硬さ（硬度）は問題にならなかったのですが、客先からあらたに樹脂硬度のばらつきを狭くしてほしいという要求が来て対応しなければならなくなりました。

　そうなると、なぜ硬度がばらつくのかという原因を調べなければなりません。関係者で議論した結果、加熱炉内の温度のばらつきによって、樹脂硬度がばらついているのではないかと推察しました。

　そこで、加熱炉内で温度差が生じそうな12ヵ所に樹脂塗布後の製品を置き、12ヵ所の温度もモニターしてペアのデータを取ります。さらに、12ヵ所の製品それぞれの加熱温度と製品の樹脂硬度を測定し、**表3-9**が得られたとします。

　これを散布図にすると**図3-29**となります。打点上を通る直線と、正方

図3-27 ● 散布図の例

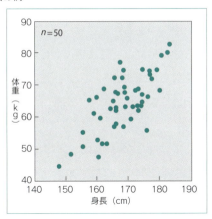

図3-28 ● ある製品の工程フロー

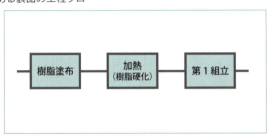

表3-9 ● 樹脂の硬化温度と硬度

No.	硬化温度（℃）	硬度	No.	硬化温度（℃）	硬度
1	154	125	7	150	120
2	147	119	8	145	119
3	136	107	9	152	121
4	158	126	10	133	105
5	132	103	11	145	117
6	146	120	12	151	121

形の対角線がほぼ一致しているので、関係がありそうだと判断できます。

　この例の場合は実験結果をプロットしていますから、硬化温度と樹脂温度には関係性がある（相関がある）と結論付けられます。以上より、樹脂硬度のばらつきを減らすためには、硬化温度のばらつきを低減すればよいという最終的な結論を得られます。

　散布図は、この例のように原因と結果の関係（因果関係）を調査する際に役立ちます。

　ただし、注意しなくてはならないのは、この例のように実験から得られたデータではなく、単なる記録として得られたデータからは因果関係があるとはいえないということです。

　これを直感的に理解するために、擬相関の例を説明しましょう。一見関係性がありそうだが、実質的には相関がない状態を「擬相関」といいます。

　図3-30は擬相関の例です。ある男性グループのデータを見ると、50m走のタイムが遅ければ遅いほど、その人の年収が高くなっていました。そこで散布図を描いてみると、ほぼ一直線です。では、50m走のタイムと平均年収に因果関係があるといってよいのでしょうか。そんなことはありえません。散布図から因果関係がありそうだと思うのはよいのですが、因果関係があるかないかは、実験で確認してください。

　蛇足ですが、この擬相関のデータは日本人サラリーマンのデータで、若い人から部長職までのデータであったために、一見関係性があるように見えてしまったという例です。

> **Point** 関係があるかないかは、感覚で判断するのでなく、
> データで確認しましょう。

図3-29 ● 硬化温度と樹脂硬度の散布図

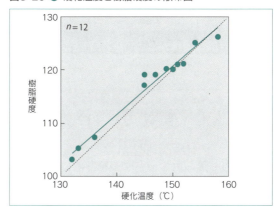

図3-30 ● 擬相関の例

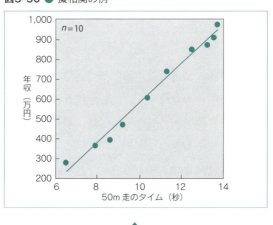

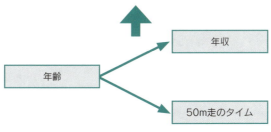

22 管理図

データが統計的に異常かどうかを判断する道具です

統計理論に基づいた管理限界線に注目

■管理図とは

管理図は、時系列で得られるデータが統計的に異常かどうかを判断するための道具です。時系列データを見る一般的な道具としては、「グラフ」でも紹介した折れ線グラフ（**図3-31**）があります。では、管理図（**図3-32**）と折れ線グラフは何が違うのでしょうか？ 「異常を判断する境界線（横線）があるかないかだけの差だ」と思っている人は少なからずいるはずです。

しかし、この境界線の値は統計理論に基づいていて、数学的に導かれています。勝手に線を引くのではなく、ここが折れ線グラフとの大きな違いです。なお、管理限界線の求め方については、多くの参考書が出ているので、そちらを参照してください。

違いについてさらに付け加えると、異常かどうかを判定するための客観的な基準も用意されています。そこで、人による判定の違いも基本的には生じません。

※注：QC検定では、2015年1月30日（レベル表の改定）より、管理図とグラフで1つの手法とし、層別を1つの手法として独立させています。
本書では、説明したように、管理図とグラフはまったくの別物としています。なお層別は、すべての手法において共通して用いられる考え方なので、本書では手法の扱いにはしていません。

> **Point** JISで紹介されている異常判定ルール（ルール1～8）に則って判断しましょう。

■管理図の代表、$\bar{X}$-R管理図

　管理図の代表といえば、$\bar{X}$-R管理図（**図3-33**）です。そこで、これを例として管理図について説明します。

　$\bar{X}$-R管理図は、その名のとおり上に位置する$\bar{X}$管理図と、下に位置するR管理図の2つからなっています。なぜ2つ1組なのか考えてみましょう。

　製品がねらい値どおりにつくられているかどうかを確認するには、各群

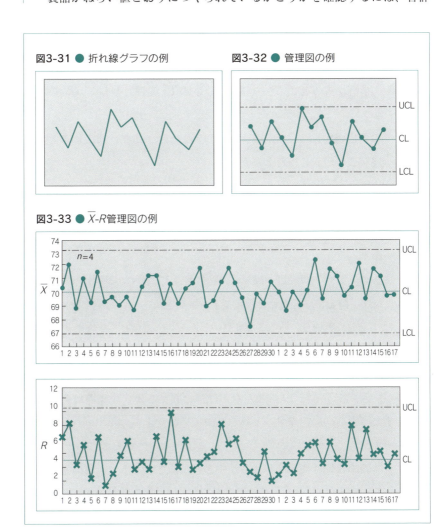

図3-31 ● 折れ線グラフの例

図3-32 ● 管理図の例

図3-33 ● $\bar{X}$-R管理図の例

の平均値$\overline{X}$をみればよいので、$\overline{X}$管理図が必要です。しかし、全体として狙い値どおりの$\overline{\overline{X}}$（$\overline{X}$のさらに平均値）であっても、データがばらつき過ぎて、規格を満たさなくなっても困ります。そこで、ばらつき（範囲R（＝最大値 － 最小値））を管理するR管理図が必要となります。

■**異常判定ルール**

では、異常をどうやって判定するのでしょう。国際規格でもあり、日本産業規格のJIS（JIS Z 9020-2）でも紹介している異常判定ルールを示します（**図3-34**）。図は$\overline{X}$管理図を表しているので、説明も$\overline{X}$管理図についての説明とします。中心線CLと管理限界線UCLとLCLとの間を3等分し、便宜的に中心に近いところから領域C、領域B、領域Aとしています。

・**ルール1**

上下の判定線（UCLとLCL）からはみ出たら、異常と判定します。いつもと違うことが起こったと考えます。

・**ルール2**

中心線（CL）の上下どちらか一方に連続して9つ並ぶと異常と判定します。平均値（母平均）が上下どちらかにシフトしたととらえます。

・**ルール3**

連続して6点上昇または下降したら、異常と判定します。平均値（母平均が）上昇または下降しつつあるととらえます。始点を決めないと数を数えられないので、もっとも低いところ（または高いところ）を起点として数えます。「連続5点じゃないか！」といわないようにしましょう。

・**ルール4**

点が交互に上下して14点並んだら異常と判定します。実際にデータを取らずに、人為的に打点すると起こりやすくなります。

・**ルール5**

プラス側の領域Aに連続して3点中2点、またはマイナス側の領域Aに連続する3点のうち2点があると異常と判定します。これも平均値（母平均）が上下どちらかにシフトしたと考えます。

図3-34 ● 異常判定ルール1〜8

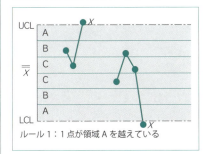
ルール1：1点が領域Aを越えている

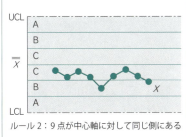
ルール2：9点が中心軸に対して同じ側にある

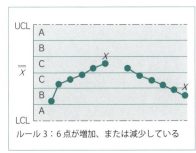
ルール3：6点が増加、または減少している

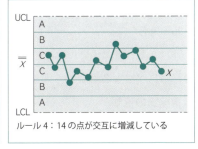
ルール4：14の点が交互に増減している

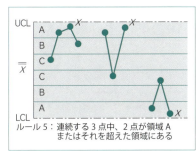
ルール5：連続する3点中、2点が領域A
またはそれを超えた領域にある

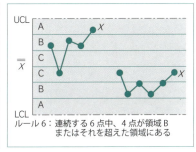
ルール6：連続する6点中、4点が領域B
またはそれを超えた領域にある

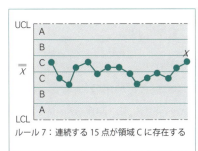
ルール7：連続する15点が領域Cに存在する

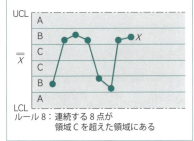
ルール8：連続する8点が
領域Cを超えた領域にある

第3章 QC七つの道具

・ルール6

プラス側のB以上の領域に連続して5点中4点、またはマイナス側のB以下の領域に連続して5点中4点あると異常と判定します。これも平均値（母平均）が上下どちらかにシフトしたと考えます。

・ルール7

連続して15点が領域Cにあると異常と判定します。群内に異なる母平均が存在する状態で管理図を作ろうとすると、このようになります。また、ばらつき低減の改善が進んだ場合もこのようになりますが、異常を検知しなくなっているので、管理限界線の値の再計算が必要です。

・ルール8

連続した8点の中に、領域Cに1点もない場合は異常と判定します。群間で母平均が異なる場合や、大きな周期性がある場合に図のようになります。

■管理図の種類

管理図の種類には、前述したもっとも代表的な$\overline{X}$-R管理図の他に、いろいろな管理図が開発されています。

そこでまず、一般的に知られている管理図としてどのようなものがあるのかを紹介します。

扱うデータが計量値か計数値かによって、大別されます。

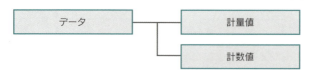

計量値のデータは計量値管理図、計数値のデータは計数値管理図にて管理図を作成します。

《計量値管理図》

一般的に知られている計量値管理図は、$\overline{X}$-R管理図の他に、$\overline{X}$-s管理図（図3-35）、Me-R管理図（図3-36）、X-R_s管理図（図3-37）の3つがあります。それぞれの特徴を、$\overline{X}$-R管理図に対して以下に記します。

$\overline{X}$-s管理図　：範囲Rの代わりに、標準偏差sを用います。$\overline{X}$管理図の管

図3-35 ● $\bar{X}$-s 管理図の例

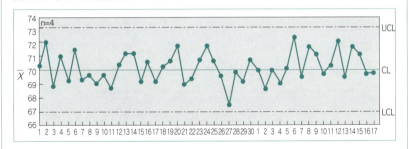
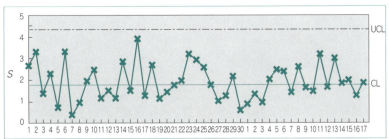

図3-36 ● Me-R 管理図

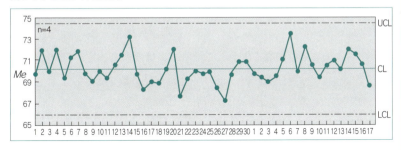
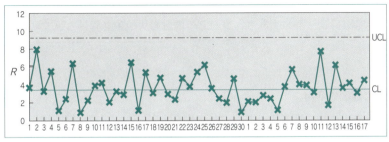

第3章 QC七つの道具

理限界線を計算するための係数は（以下、単に係数とする）A_3、sの係数はB_4とB_3です。

※係数の値については、管理図の作成方法を記している図書をご覧ください。

Me-R管理図：平均値$\overline{X}$の代わりに、中央値Me（メディアンを）用います。Meの係数はA_4です。

X-R_S管理図：平均値$\overline{X}$の代わりに、1つのデータXを用います。範囲Rの代わりに、データ間の差であるR_Sを用います。Xの係数は2.660、R_SのUCLの係数は3.267です。LCLはありません。

《計数値管理図》

次に一般的に知られている計数値管理図です。不良品率を管理する、p管理図（**図3-38**）とnp管理図（**図3-39**）、欠点数を管理するu管理図（**図3-40**）とc管理図（**図3-41**）の4つがあります。

計量値データと標準偏差の計算方法が異なります。全不良品の個数と全検査個数から計算した平均不良品率$\overline{p}$、または全欠点個数と群の大きさの合計から計算した平均欠点率$\overline{u}$または$\overline{c}$を用いて標準偏差を計算します。管理限界幅は、以下に示す通り各標準偏差の3倍となります。

p管理図： 不良品率を管理します。管理限界は、$\overline{p}\pm3\sqrt{\overline{p}(1-\overline{p})/n}$です。検査個数$n$によって管理限界は変わります。

np管理図： 検査個数nが一定の場合の不良品数を管理します。管理限界は、$n\overline{p}\pm3\sqrt{n\overline{p}(1-\overline{p})}$です。

u管理図： キズなどの平均欠点数を管理します。管理限界は、$\overline{u}\pm3\sqrt{\overline{u}/n}$です。群の大きさ$n$によって管理限界は変わります。

c管理図： 群の大きさnが一定の場合の欠点数を管理します。管理限界は、$\overline{c}\pm3\sqrt{\overline{c}}$です。

■管理図の活用

わかりやすい例を用いてその有用性を説明します。管理図を用いて、工程内における製品特性を管理していて、**図3-42**に示すように、下側限界

図3-37 ● *X-Rs*管理図の例

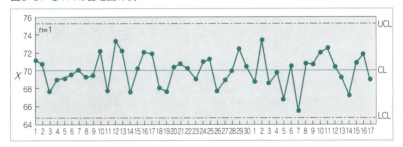

図3-38 ● *p*管理図の例

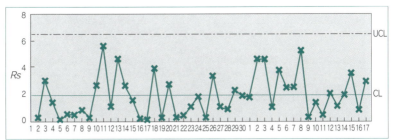

図3-39 ● *np*管理図の例

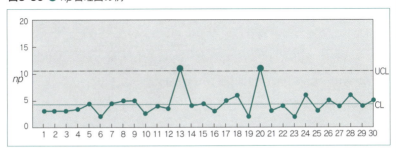

第3章 QC七つの道具　**075**

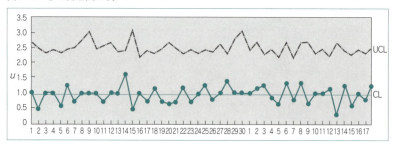

図3-40 ● u管理図の例

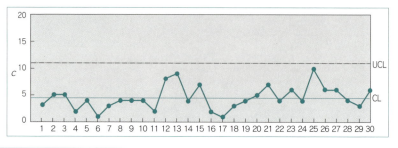

図3-41 ● c管理図の例

線外れとなったとします。異常が出たわけですから、大量の不良品を抱えてしまわないように、ラインを停止するのが基本です。

　次になぜ異常が出たのかを考えます。このとき管理図の横軸である時系列情報に着目します。7/11までは問題なく、7/12に異常が出ているので、この1日間の間に変わったことを調べていけばよいのです。たとえば7/12の朝に材料を使い切り、次のロットの材料を開封して製造を継続したとします。他にこのような変化事象がなければ、材料ロットに原因がある可能性が非常に高まり、材料ロットを集中して調べればよいことになります。もし、管理図を作成していなければ、7/11以前も疑って調査を進めなければならず、原因把握が長期化しかねません。

　図3-42では突発的な異常であることがほぼ特定できるわけですが、管理図をつけておらず、工程平均が徐々に低くなったと判断して、工程平均を上げるような処置をとってしまうと、不良品の山を築いてしまいます。

異常が起こる原因はさまざまでしょうが、時系列情報から原因を絞り込めるのが、管理図の有用性なのです。

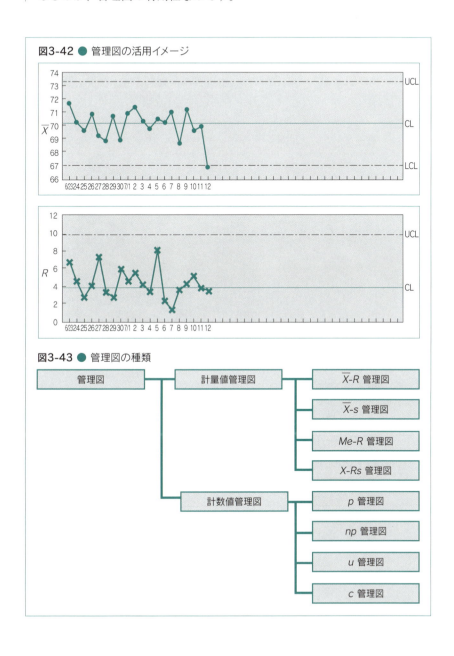

図3-42 ● 管理図の活用イメージ

図3-43 ● 管理図の種類

幹葉図

数量データをグラフで表現するときには、下図のようなヒストグラムが使われます。このヒストグラムと同等なグラフとして幹葉図があります。ヒストグラムを横にした形と同じようなグラフになります。

● ヒストグラムの例

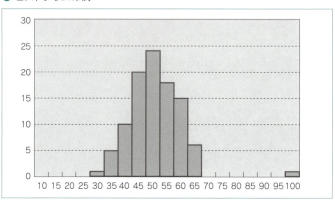

● 幹葉図の例

幹 | 葉
2 | 8
3 | 33345677899
4 | 000011111222344445555556667777788888889999
5 | 00000111112223334444456667777788899
6 | 00111134
7 |
8 |
9 | 9

（見方）
2 | 8　　　　　　　← 28　というデータがある
3 | 33345677899　← 33,33,33,34,35,36,37,37,38,39,39
　　　　　　　　　　　というデータがある・・・
9 | 9　　　　　　　← 99　というデータがある

第4章

QCストーリーと
QC七つ道具の対応

テーマの選定とパレート図

現状の把握とヒストグラム

現状の把握と管理図

要因の解析と特性要因図

要因の解析とヒストグラム

要因の解析と散布図

効果の確認とヒストグラム

効果の確認と管理図

23 テーマの選定とパレート図

取り組むべきテーマを具体的に掘り下げます

重点指向でテーマを選定する

問題解決に取り組む際には、たとえば不良率低減のような大きなテーマが決まっている場合でも、「これをやればよい」という具体的なテーマが決まっていないことは少なくありません。こうしたとき、どうすればいいのでしょうか。重点指向で取り組むとかけ声をかけてみても、取り組むべきものがいろいろあると迷ってしまい、決められなくなってしまいます。

このようなときには、問題を一段掘り下げて現状把握をして、重点指向の答えを探すことが大事な手順となります。その答えを導く際に役立つ道具が QC 七つ道具のパレート図です。

例をあげて説明しましょう。大きなテーマとして不良品数低減があり、その担当を任されているとします。ひと口に不良低減といっても不良の種類はさまざまで、製品によって異なっています。ここでは、製品ごとに不良品数はばらついているとします。

もし、具体的に製品ごとの不良品数がわからなければ、まず現状把握で取り組むべきは、どの製品で不良数がどれだけあるかを調べることです。また、不良品数がわかっていても、単純に数が多いからといって、多い順に取り組むのは正しい重点指向とはいえません。

具体的に現状を調べた結果、表4-1が得られました。そこで、どの製品から取り組むべきかを決定するために、パレート図を描きます。

不良品数を縦軸にしたパレート図（**図4-1**）と、不良品の金額を縦軸にしたパレート図（**図4-2**）をそれぞれ描きます。不良品数に着目すると、製品Aと製品Bの2つで累積比率が約80%であるので、この2つに同時に

表4-1 ● 製品ごとの不良品数

製品名	不良品数 （個）	製品ごとの単価 （円）	製品ごとの合計金額 （円）
製品B	200	180	36,000
製品A	1,000	10	10,000
製品D	55	30	1,650
製品C	70	10	700
製品E	90	7	630
その他	85	—	1,020

図4-1 ● 不良品数の製品ごとのパレート図

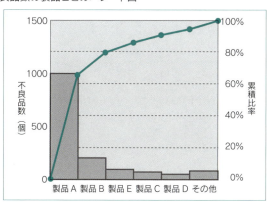

図4-2 ● 不良金額の製品ごとのパレート図

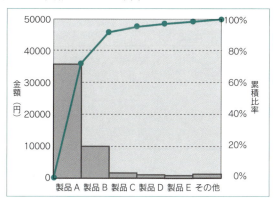

取り組めばかなりの不良品数を減らせることがわかります。また、不良品の金額に着目すると、製品Aと製品Bの2つに取り組めば、不良金額の90％以上を減らせそうだということもわかります。

この例では、単に不良品数低減という大テーマから、パレート図を用いることで対象を絞り込むことができました。この場合の具体的なテーマは「製品A、Bの不良品撲滅」となります。これが重点指向としての基本的な考え方です。

前者の場合、大テーマとしての不良品数低減の目標が半減であれば、「製品A、Bの不良品数低減」で目標不良数を63％減とし、トータルとして不良品を半減させられそうです。また、大テーマが不良金額の低減ならば、不良金額のパレート図でまず考えるべきです。そして、問題解決のために担当者をあまり増やせないなどの制約条件があれば、まずは製品Bだけに焦点を当てることもやむを得ないでしょう。

このように、大目的が何であるか、人・お金・時間などの制約条件が何かによってその答えも変わってくるので、迷ったときには上位職と相談しながら進めるとよいでしょう。

なお、パレート図の位に注目したときに、さらにその内容を分析するという作業も大切です。たとえば、**図4-1**のようなパレート図が得られたならば、製品Aを構成している部品でさらに分けてみるという分析です。

製品Aに絞って、部品別に不良件数を見ると、部品1が80％を占めていることがわかります（**図4-3**）。このことから、製品Aの部品1に起因する不良を減らすというように、改善の焦点をさらに絞り込むことが可能になります。

> **Point** ▶ 取り組む目的、制約条件によって、テーマは変わります。

図4-3 ● 不良品の製品ごとのパレート図の層別

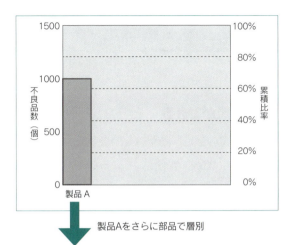

製品Aをさらに部品で層別

部品1	800	80%
部品2	100	10%
部品3	60	6%
部品4	40	4%

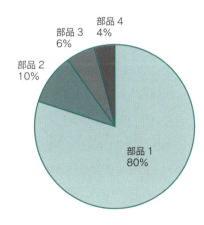

第4章 QCストーリーとQC七つ道具の対応　083

24 現状の把握とヒストグラム

データのばらつき具合（分布）を正しく把握するための道具です

ひとめで現状把握ができる

　現状把握は、テーマの選定段階からも始まります。状況に不明な点があるとすれば、それは現状把握が不足しているからだと判断して間違いありません。

　さて、具体的にテーマが決まると、そのテーマについての状況を把握しなければなりません。とくに計量値（重さ、長さのように、計測された無限に連続する値）データである場合に確認しておきたいのは次の3点です。

・ばらつき具合（分布形状）はどうか

・分布の中心はどこか

・規格を満足しているのかどうか

　これらの現状を把握するために用いられるのがヒストグラムです。たとえば、特性値が電流のような計量値データで不良が出始めており、不良を撲滅したいと考えたとします。現状を把握するために、製品のデータを $n = 200$ とり、**表4-2**の結果が得られました。

　グラフ化をしないと、製品の狙い値が規格中心の70mAから高めの方へ4.31mAずれて、不良品が28個も発生しているようにも思えてしまいます。本当に狙い値がずれているのならよいのですが、そうでない場合には見当違いの対策を打つことになりかねません。こうした間違いをなくし、データのばらつき具合（分布）を正しく把握するための道具がヒストグラムです。

　表4-2の計算に使われたデータでヒストグラムを描くと、**図4-4**となり、データのばらつき具合（分布）は二山形に見えます。1つの山の中心

表4-2 ● 製品の電流値測定結果

データ数	200 個
平均値	74.31mA
上側規格（80）外れ	28 個
下側規格（60）外れ	0 個

図4-4 ● 電流値のヒストグラム

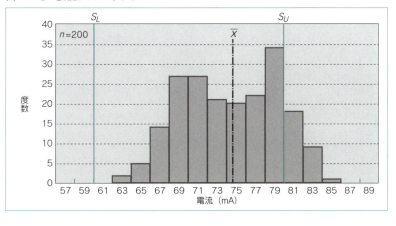

は70mA前後、もう1つの山の中心は79mA前後に見えます。つまり、結果的に狙い値がずれた集団が2つ存在しそうだと、ヒストグラムからわかります。こうした場合には層別が必要です。この場合は山の大きさ（度数）も同じ程度ですから、2つに層別できる要素を探すとよいでしょう。

　層別を行う場合、山の頂上の数だけではなく、その大きさ（度数）も考慮して層別要素を探すことも大切です。

 分布が二山形になった場合は、層別して要因を調査します。

第4章 QCストーリーとQC七つ道具の対応　**085**

25 現状の把握と管理図

時系列で分布のクセを見つけます

異常の有無を統計的に判断する

　分布の形状や中心、規格を満足する状況などが確認できたら、時系列的なクセを持っていないかを調べます。このときに役立つのが管理図です。折れ線グラフと異なり、異常の有無を統計的に判断できます。

　図4-4の事例において、1日に$n=8$でデータを採っているとすると、$\overline{X}$-R管理図を描けます。その結果が**図4-5**です。これは中心線に接近しすぎているともいえます。このようなときには、1日の$n=8$のデータの取り方に問題がある可能性があります。午前中の4個と午後の4個ではラインが異なるとか、部品を納入しているメーカーが異なるというような場合です。異質なデータで1つの群を構成させると、プロットされた点が中心線に接近しすぎるという現象が起きます。3/9〜3/25にかけて、$\pm 1\ \sigma$内に連続17点続いていて、その現象が起きています。このような状態を中心化傾向といいます。

　異常の原因を調査する際に、製造工程条件に層別要素が考えられるならば、層別した管理図を描いていくことになります。

　中心化傾向は管理図上の点が中心線に接近して、ほどんど動かないため、極めて良好な管理状態にあると解釈してしまい、見逃すことが多いので注意が必要です。本当に良好なときは、管理限界線がもっと狭くなっているはずです。

> **Point** 中心線に接近しすぎていたら注意です。

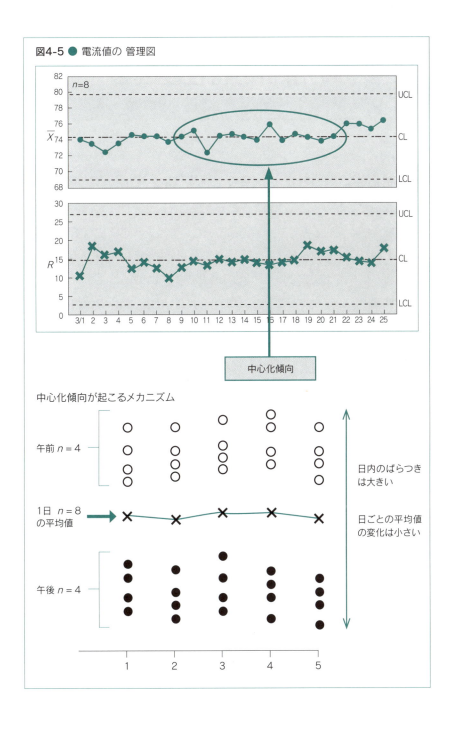

26 要因の解析と特性要因図

原因の可能性を客観的に見える化します

現状把握で得られた状況を踏まえて「特性」を明確にする

　現状把握によって何が問題かがわかれば、次は要因解析のステップです。要因解析では「きっとこれが原因に違いない」という思い込みで調べていくのではなく、まず客観的に「どのようなものに原因の可能性があるか」を見える化します。そのための道具が特性要因図です。

　特性要因図を作成することにより、自分だけでなく関係者の意見を交えて、もっとも原因の可能性が高いものから優先的に調べていくことができます。

　特性要因図作成での留意点は、現状把握から得られた状況を踏まえた「特性」を明確にすることです。

　図4-4の事例で言えば「電流不良が出る」という特性ではよくありません。電流不良の電流値が大きい場合と小さい場合とでは、当然原因も異なるからです。現象が異なれば、原因も異なるということを理解しておきましょう。

　では、特性は「電流値の上限規格外れが出る」でよいでしょうか。これでも不十分です。現状把握のヒストグラムで、電流値の分布が二山分布になっていることがわかっているのですから、これを踏まえた特性にしなくてはいけません。二山形となる原因は、何らかの層別要素があることを示

 特性要因図で想定した要因は、必ず事実データに基づいて検証しましょう。

しているからです。この特性を反映して特性要因図を作成すれば、見当違いの要因を探してしまうムダを排除できます（**図4-6**）。

そこで、関係者一同とブレーンストーミングを活用しながら、特性要因図を完成させます。その後、当面の取組み優先順位をつけるために、絞り込みを行います。

ときどき現場では「絞り込んだものが、真因である」といった結論に達してしまう間違いが見受けられますが、絞込みはあくまで、調査の優先順位をつけるだけのために行います。また、優先順位をつけても、同時並行的に調査が行えるのであれば、同時に調査を進めます。

調査で大事な点は検証作業です。検証作業とは、特性要因図で想定した要因が本当に原因であることを、事実データに基づいて確認することです。要因の検証で原因が特定できれば、適切な対策を打つことによって原因の除去ができます（再発防止）。もし検証を怠って原因が別のものであれば、当たり前ですが対策を打っても原因は除去できません。読者の皆さんも、検証を怠った結果の苦い思い出が、1つや2つはあるのではないでしょうか。

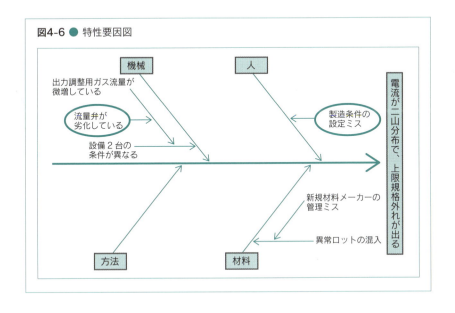

図4-6 ● 特性要因図

27 要因の解析とヒストグラム

違いから要因を見つけます

分布の位置、広がり具合、形状から要因を推定する

　ヒストグラムによる要因の解析では、分布の位置、広がり具合、形状から要因を推定していきます。分布形状にとくに問題がない正規分布形や高原形で、かつ分布が広がり過ぎているために規格外れを起こしているようなケースは、特性要因図を利用してばらつき原因を地道に調べていくことになります。

　離れ小島形や取り上げた事例のように二山形の場合は、該当すると思われる層別要素で層別ヒストグラムを描いていきます。

　層別要素はケースバイケースで異なるので、適宜疑わしいと思われる要因で層別してみてください。参考までに、製造現場などにおける代表的な

表4-3 ● 代表的な層別要素の例

4M	代表的な層別要素の例
人（Man）	作業者、勤務番（日勤、夜勤など）
機械・設備（Machine）	製造号機、設備型番、製造ライン、製造場所
方法（Method）	作業条件（製品、設定温度、設定時間、設定圧力、雰囲気ガスの設定流量、…）
材料（Material）	材料ロット、材料メーカー

 Point　要因解析では、ヒストグラムだけでなく、層別管理図も描くことがお勧めです。

層別要素を**表4-3**に示します。

取り上げた事例では、設備による違いが疑わしいので、設備で層別したヒストグラムを描いてみました（**図4-7**）。層別ヒストグラムを描くときの注意点は、比較する双方のヒストグラムの区間や度数軸を同じにして、縦に並べることです。縦に並べることで、分布の中心位置の違いや、ばらつき幅の比較を容易に行えます。**図4-7**より、1号機はほぼ狙い値どおりなのに対し、2号機は大きく高めに外れているのがわかります。ばらつき幅は、1号機と2号機ではほぼ同じと言えます。この比較によって2号機が不良の原因であることがわかります。

図4-7 ● 製造装置で層別した電流値のヒストグラム

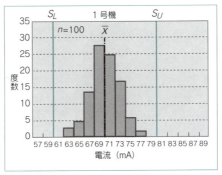

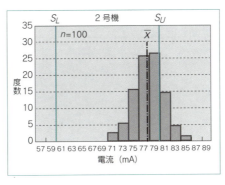

では、2号機はなぜ高めになっているのでしょう。さらにこの原因を突き止めなくてはいけません。

　この例では「なぜ、なぜ」を2回繰り返したことになりますが、「なぜ、なぜ」を5回繰り返すと、真の原因に辿り着きやすいと言われています。1回だけの「なぜ」に終わらないようにしてください。

　要因解析の際には、ヒストグラムだけではなく同時に層別管理図も描いておくことをお勧めします。有益な時系列情報が得られることが少なくないからです。もし、工程に異常がなかったとしても、時系列的要因を気にせずに解析してよいという方針を立てられます。

　では、管理図を号機別に作成してみます。

　管理図を見ると、1号機は安定状態ですが、2号機の管理図は平均値が異なることがわかります。これは先のヒストグラムで得られた情報と合致します。さらに2号機は徐々に上昇していく傾向が見られます。このことより、時間的に変動する要因も探せばよいことがわかります。

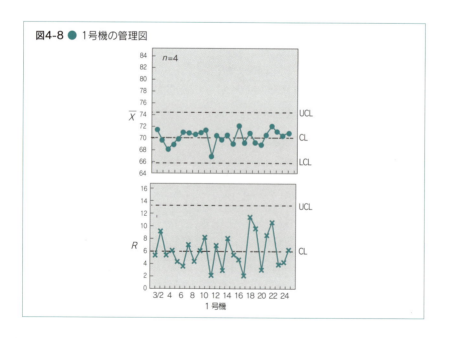

図4-8 ● 1号機の管理図

図4-9 ● 2号機の管理図

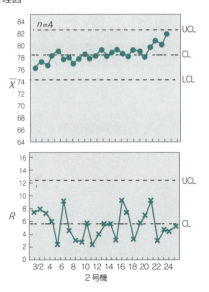

管理図同士を比較する場合は、**図4-10**のように横に並べるとよい。

図4-10 ● 横に並べた管理図

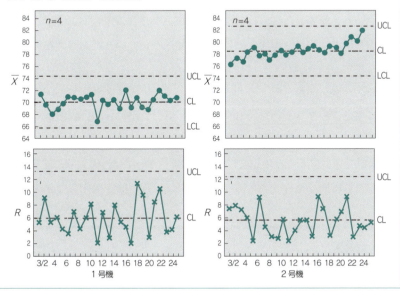

28 要因の解析と散布図

関係から原因を見つけます

相関の有無はわかっても因果関係まではわからない

　散布図は、2つの因子間の相関の有無を確認する際に用いる道具です。したがって、原因と考えられるものが結果に影響を与えているかどうかを確認するのに有効です。

　取り上げた事例では、流量弁の劣化により出力調整用ガス流量が微増しているのではないかと疑いました（**図4-6参照**）。そこで、出力調整用のガス流量をきちんと測れるようにし、そのときの電流値との関係を散布図に描いてみました。散布図を描くときの注意点は、打点範囲を囲む四角がおおむね正方形になるように描くことです。こうして描いたときに、打点が対角線上にあれば相関関係があると判断できるからです。**図4-11**では、右上がりとなる対角線の付近に多くのデータが打点されていますから、出力調整用ガス流量と電流とに相関がありそうだということが散布図からわかります。

　なお、散布図からわかるのは相関があるということだけで、因果関係の有無まではわかりません。因果関係をみるには実験による確認が必要です。

　そこで、この事例では出力調整用ガス流量と電流とに因果関係があるかを実験で確認することにしました。実験に当たっては、実験間のばらつき評価のために同じ条件を3回繰り返すと共に、経時的な変化などの未知の変

> **Point** 散布図は、打点範囲を囲む四角が正方形になるように描きます。

動影響を緩和するために全12回の実験をランダムな順序で行いました。その結果が**図4-12**です。実験により、出力調整用ガス流量が増えるにしたがって電流は直線的に増えているので、両者の間に因果関係があることを証明できます。以上に示してきた結果より、**図4-9**の管理図で上昇傾向となっていた原因は、出力調整用ガス流量の微増であることを検証できました。

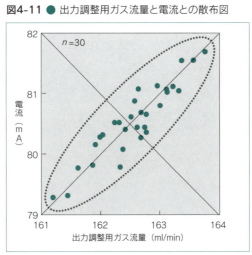

図4-11 ● 出力調整用ガス流量と電流との散布図

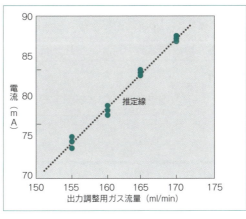

図4-12 ● 出力調整用ガス流量に対する電流変化の実験結果

29 効果の確認とヒストグラム

対策の有効性を見るために効果を確認します

対策とは原因を除去すること

　問題解決における対策は、原因を除去することです。想定したとおりに原因の除去ができれば問題ありませんが、そうはいかない場合があります。そこで、対策の有効性を確認するために、効果の確認は重要です。

　対策後には、現状把握で行ったときと同じ手法で、効果の確認を行います。同じ手法で見たときに問題点が解消されていれば、効果があったと判断できるからです。

　本事例では、ヒストグラムで規格外れが多いことを確認したので、対策後もヒストグラムを作成することにします。対策後の200個のデータを採取してヒストグラムを描いたものが**図4-13**です。まだ、規格に対して十分余裕があるとは言えませんが、分布形状は正規分布形となり、規格外れも出ていません。このことから、当初の問題点は解消されたと判断できます。

　続いて、**図4-14**のように層別ヒストグラムも作成しました。問題だった2号機の平均値は、規格中央の70mAとなっており、問題は解消されています。

　以上のことから、対策の効果はあったと確認することができました。

> **Point** 対策後には、現状把握と同じ手法で効果を確認します。

096

図4-13 ● 対策後の電流のヒストグラム

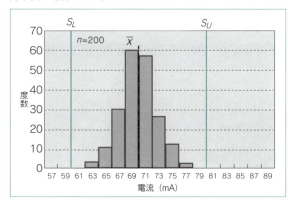

図4-14 ● 対策後、製造装置で層別したヒストグラム

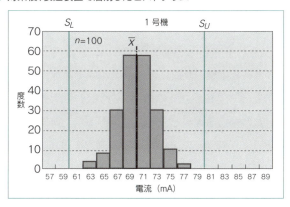

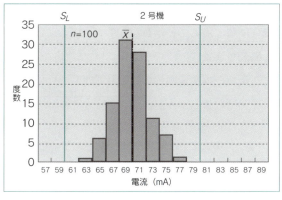

30 効果の確認と管理図

時間的変化に注目します

時系列で確認する

　前述のとおり、対策後には現状把握で行ったときと同じ手法で効果の確認を行うのが原則ですが、時系列的に見て工程が安定状態にあるかどうかの確認も必要です。

　図4-15は、対策後の全体としての$\overline{X}$-R管理図です。現状把握のステップで確認した**図4-5**の管理図には中心化傾向の異常が出ていましたが、**図4-15**では管理外れや中心化傾向などの異常はなく、安定状態です。

　また、この事例では製造装置に原因があるのではないかと考えて、製造装置での層別も行いました。その結果、2号機の平均値は1号機に比べて高く、上昇傾向の異常を発見しました（**図4-10**）。効果確認のステップでも要因解析同様に、層別した$\overline{X}$-R管理図も確認します。**図4-15**の管理図を製造装置で層別したのが**図4-16**の$\overline{X}$-R管理図です。1号機・2号機ともに、管理外れや上昇傾向などの異常は出ていません。また、縦軸目盛りを揃えて横に並べることにより、対策前では装置で異なっていた平均が、対策後にはほぼ同じであることがわかります。以上より、対策の効果が出ていることを確認できます。

　このように、現状把握や要因解析の段階で問題を発見したときと同じ手法で、効果確認を行いましょう。

> **Point** 対策後に効果を確認するときは、
> 時系列的に工程が安定した状態かどうかも確認します。

図4-15 ● 対策後の電流の$\overline{X}$-R管理図

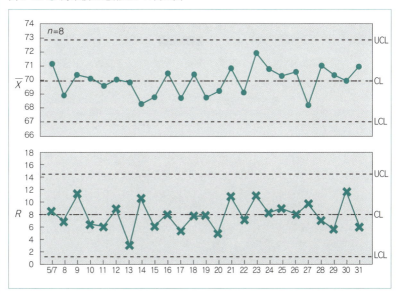

図4-16 ● 対策後の層別$\overline{X}$-R管理図

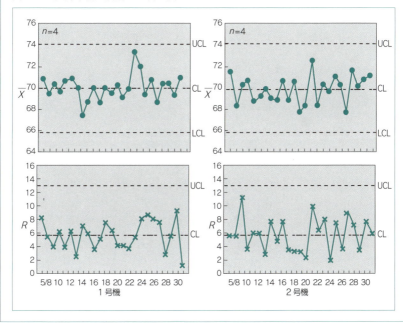

バブルチャート

　2種類の数量データの関係を見るためのグラフは、下図のような散布図が有効です。

● 散布図の例

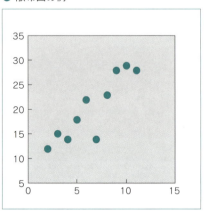

　この散布図の点の大きさを変えることで、該当するデータの数も同時に視覚化するためのグラフがバブルチャートです。

● バブルチャートの例

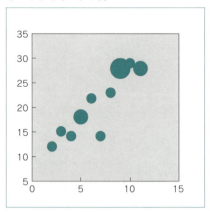

　バブルチャートも散布図と同様に、右上がりならば正の相関、右下がりならば負の相関があるという見方をします。散布図と異なるのは、点の大きさが大きいところほど、該当するデータの数も多いということを表現できることです。

第5章

新QC七つ道具

新QC七つ道具の概要

連関図法

系統図法

マトリックス図法

PDPC法

アローダイアグラム法

親和図法

マトリックス・データ解析法

31 新QC七つの道具の概要

計画の場面で使われます

言葉で表現されるデータを分析する

新 QC 七つ道具とは、次の 7 つの手法を指します。

① 連関図法
② 系統図法
③ マトリックス図法
④ PDPC 法
⑤ アローダイアグラム法
⑥ 親和図法
⑦ マトリックス・データ解析法

これらの手法は、マトリックス・データ解析法を除いて、言語データを分析するための道具です。言語データとは、「この商品は軽くて持ちやすいが、すぐに壊れてしまう」というように、言葉で表現されるデータのことです。

QC 七つ道具は、PDCA サイクルの中では C（Check：確認）の段階でよく用いられ、品質改善を進めるうえで重要な論理的思考や数値データの分析を伴うような作業に役立ちます。一方、新 QC 七つ道具は P（Plan：計画）の段階で主として用いられ、創造的な思考や新たな企画を見つけ出すときに効果を発揮する手法です。

 新 QC 七つ道具は、創造的な思考や新たな企画を見つけ出すときに効果を発揮します。

図5-1 ● PDCAのサイクルとQC手法

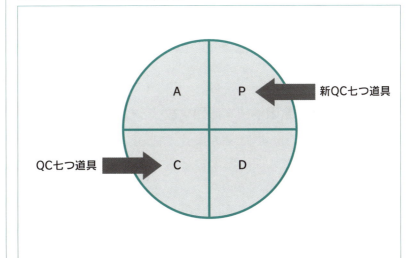

（注）C（Check）の段階で新QC七つ道具を使っていけないということではありません。

図5-2 ● データの種類とQC手法

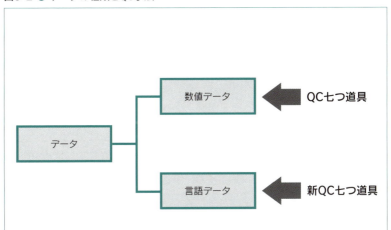

（注）QC七つ道具の中でも「特性要因図」だけは言語データを整理する手法で、新QC七つ道具の中でも「マトリックス・データ解析法」だけは数値データを分析する手法です。

第5章 新QC七つ道具

32 連関図法

原因同士が複雑に絡み合った問題の原因を追究します

改善すべき重要原因や根本原因を絞り込む

連関図は、原因同士が複雑に絡み合った問題の原因を追究するのに適した手法です。問題とその原因や、原因同士の因果関係を矢線で表現して、改善すべき重要原因や根本原因の絞り込みに使います。

QC ストーリーでは「要因の解析」でよく使われる手法であり、特性要因図と同じ役割を果たします。

連関図の中で、矢線を受けていない原因（原因をそれ以上追究できないもの）を根本原因と呼んでいます。問題の防止には、この根本原因への対策を考えればよいことになります。

ただし、手の打ちようがない根本原因もあります。その場合には、根本原因の1つ前の原因に対して対策を考えます。また、矢線が多く出ている原因や、矢線を多く受けている原因は、重要な原因として着目すべきです。

では、特性要因図と連関図の使い分けについて考えてみます。原因が複雑に絡み合っているときには連関図、大きな要因と小さな要因が階層構造になっているときには特性要因図を使うとよいでしょう。

特性要因図を描いたときに、同じ要因が複数個、あちこちに点在しているときには、原因同士が絡み合っていることになります。この場合は連関図が有効です。

> **Point** 要因を解析して、根本原因を対策するときに活用します。

図5-3 ● 連関図のイメージ

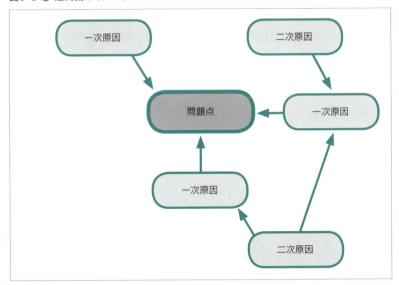

図5-4 ● 連関図の例

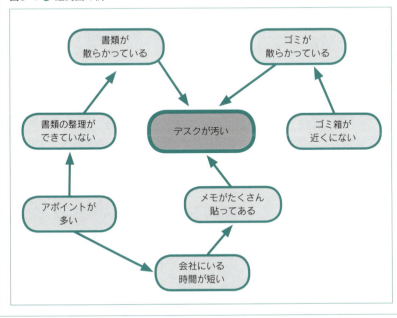

33 系統図法

目標をどのように達成するかの方策を発想するときに活用します

目的と手段の連鎖を考える

　目標（目的）を設定したあとで、その目標をどのようにして達成するのか、つまり、方策（手段）を発想するときに系統図が役立ちます。

　系統図はQCストーリーのステップにおける「対策の立案」に利用されます。

　系統図では、目的と手段の連鎖を考えて展開していきます。左端にもっとも大きな目的を書き、その目的を達成するための手段を考えます。これが一次手段です。そして今度はその一次手段を目的と考えて、そのための手段を考えます。これが二次手段です。このようにして同様に、三次手段、四次手段…と右側へ向かって展開していきます。したがって、右端に位置する手段が最終手段で、実施項目になります。

　ただし、最終的には、効果、実現性、重要性、経済性といった観点から評価して実際に実行する実施項目を決定します。

　系統図は、大きく分けて2つのタイプがあります。1つは方策展開型、もう1つは構成要素展開型です。目的を達成する手段を展開するのが方策展開型で、目的の中身を細分化していくのが構成要素展開型です。

Point　方策を展開していって、
　　　もっとも右端にあるのが最終手段であり、実施項目です。

図5-5 ● 系統図のイメージ

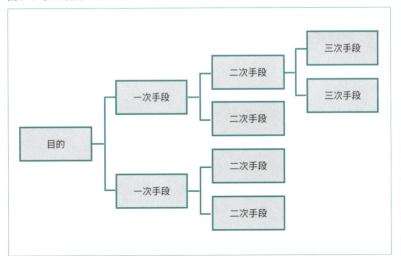

図5-6 ● 系統図の例（方策展開型）

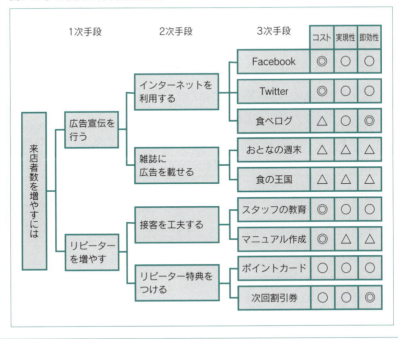

34 マトリックス図法

事象同士の対応関係を整理します

関連の有無を一覧で見る

　複数の事象があるときに、事象同士の対応関係を整理したいときには、二元表に整理すると見やすくなります。同時に、重複や抜けを発見するのに有効です。このように、複数の事象間の対応関係を整理するのに役立つのがマトリックス図です。

　マトリックス図では、対応関係を見たい項目のことを事象、各項目の中身を要素と呼んでいます。つまりマトリックス図とは、2つの事象に属する各要素を行と列に配置し、その交点に各要素の関連の有無を示した表のことです。

　マトリックス図には、いろいろな種類がありますが、とくによく使われるのがつぎの4つです。

　　L型マトリックス図（事象が2つのとき）
　　T型マトリックス図（事象が3つのとき）
　　Y型マトリックス図（事象が3つで、それぞれに対応関係があるとき）
　　X型マトリックス図（事象が4つのとき）

事象が2つ以上あるときに、それぞれの事象同士の対応関係を整理することができます。

図5-7 ● L型マトリックス図の例

		項目			担当部署			
		コスト	実現性	即効性	広報部	人事部	総務部	経営企画部
実施項目	Facebookの作成	◎	○	○	◎		○	
	Twitterの発声	◎	○	○	◎		○	
	スタッフの教育	◎	○	○		◎		
	マニュアルの作成	◎	△	△		◎		
	割引	○	○	◎				◎

図5-8 ● T型マトリックス図の例

現象					工程	原因				
割れ	ひび	キズ	欠け	色		回転速度	熱処理温度	圧力	塗装時間	乾燥温度
		○	○		組立					
		○	○		溶接		○	○		
○	○				圧縮			◎		
				○	塗装				◎	
				○	乾燥					○

35 PDPC法

実施過程で起こりうる事態を事前に予測しながら、一連の手段を計画します

順調な計画、悲観的な計画を合成させる

うまくいくと思われる計画を実行に移してみると、実行計画の要素はケースバイケースで異なるために、実行過程でさまざまな障害が発生し、当初の計画どおりに進まないということがよく起こります。PDPCは、実施過程で起こりうる事態を事前に予測しながら、一連の手段を計画するための道具です。

PDPCは「Process Decision Program Chart」の略で、「過程決定計画図」と直訳されます。QCストーリーのステップでは「対策の立案」で使われる手法です。

新製品を開発するようなプロセスは、試行錯誤の連続、失敗と成功の繰返しです。こうした場合の計画づくりには、すべてが順調に進行した場合の理想的な（楽観的な）計画と、悲観的な計画をうまく合成させることがポイントになります。そこで、合成させた計画を立案するときに役立つのがPDPCです。

PDPCは、「やってみなければ先が見えない」「相手のあることなので自分の計画どおりにいくとは限らない」というような局面での計画立案に有効です。具体的には、研究・開発の計画立案、重大事故の防止策の立案、営業活動における戦略立案などです。

PDPCには、特別な作成ルールや正式な形はありません。自由に作成できるところが特徴でもあります。完成したPDPCは、フローチャートに似たものになります。

図5-9 ● PDCAのイメージ

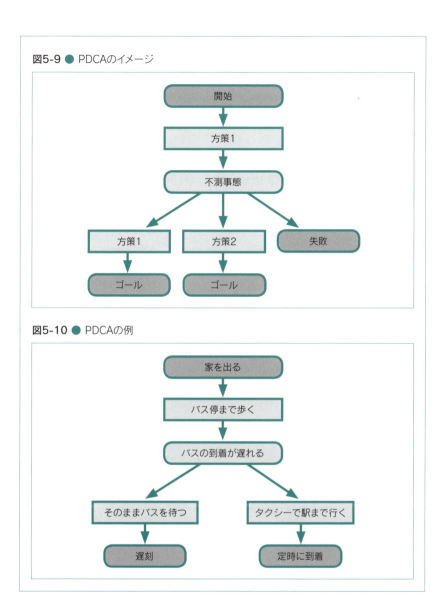

図5-10 ● PDCAの例

> **Point** 計画どおりに進まない局面で有効です。
> 不測事態を多く出せるかどうかが重要です。

第5章 新QC七つ道具

36 アローダイアグラム法

作業や実施項目の最適な日程計画を立案します

開始から完了までの作業項目を時系列に並べる

　アローダイアグラムは、作業や実施項目の最適な日程計画を立案し、効率よく進捗管理を行うのに適した手法です。同時に並行して進められる作業や、時間的な余裕の有無が明確になります。

　アローダイアグラムは、仕事やプロジェクトの開始から完了までの作業項目を、時系列に並べて矢線で結んだ図です。

　日程計画の立案や進捗管理に使われる手法としては、以下のようなガントチャート（バーチャート）もよく使われます。これは縦軸に実施項目、横軸に時間を取って、線で計画と実績を表示するグラフです。

　アローダイアグラムは、ガントチャートよりも、ある作業に遅れが生じたときに、全体の日程にどのような影響が生じるかをつかむために有効です。

　このように、アローダイアグラムは、「対策の立案と実施」で使われる手法です。

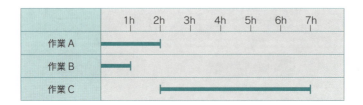

> **Point** ある作業の遅れが全体にどう影響するかをつかむことができます。

図5-11 ● アローダイアグラムの例

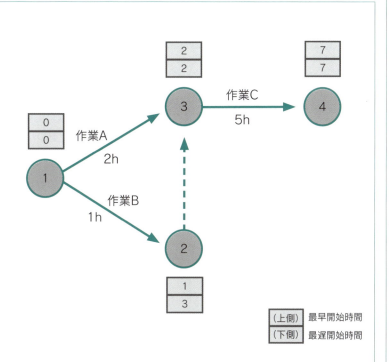

作業Bにかかる時間1hを0.5hに短縮しても、全体の作業時間は短縮できないことがわかります。図5-11は、
　① 作業Aと作業Bは、同時に開始できる
　② 作業Aと作業Bが終わると、作業Cを開始できる
ということを示しています。

37 親和図法

言語データを統合して集約します

言語データの意味の近さに注目する

親和図法は、製品に対する意見や発想などの言語データが集められたときに、言語データを統合して集約するのに適した図法です。また、イメージを具体化するときにも有効です。そこで、テーマの発見や問題の整理、顧客の要求品質の把握などによく使われます。

たとえば、手帳という製品に対する顧客の要求として、ある顧客は「軽いものがほしい」、別の顧客は「小さいものがほしい」と言ったとします。そこで親和図法ではこれらの言語データを統合して、顧客の要求を「携帯性が優れている手帳がほしい」というように１つの言語に要約するのです。

親和図は、言語データが語っている意味の近さ（親和性）に注目し、近いもの同士を統合することで、言語データを要約します。

顧客の要求を表すような言語データは、計画的に系統立てて収集されることは少なく、バラバラに得られることが多いものです。これらの言語データを統合して要約し、重要なポイントが見えるようにすることが親和図の役割です。

言語データには、つぎのようなものがあります。

事実データ：（例）パソコンが作動しなくなった

推定データ：（例）部品が壊れたからだろう

発想データ：（例）部品を交換すれば直りそうだ

意見データ：（例）簡単に修理できるようにしてほしい

図5-12 ● 親和図のイメージ

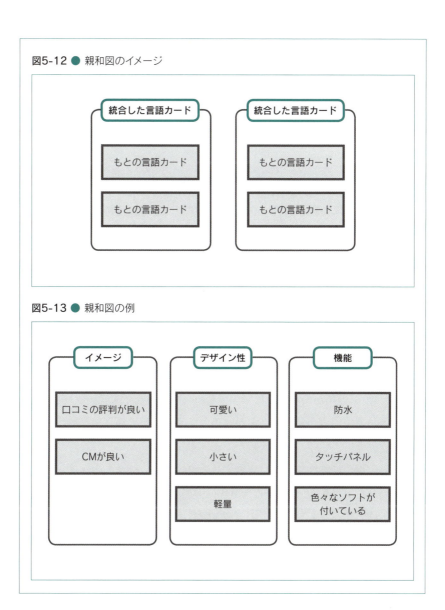

図5-13 ● 親和図の例

> **Point** バラバラな言語データを統合・要約して、重要なポイントを見つけ出します。

38 マトリックス・データ解析法

特性を総合的に評価します

新QC七つ道具で、唯一数値を使用する

製品の品質は複数の特性で評価されますが、その場合特性ごとの評価だけでなく、特性を総合的に見た評価も必要です。こうしたときに利用されるのがマトリックス・データ解析法です。

マトリックス・データ解析法は、新QC七つ道具の中で唯一数値データを扱います。統計的方法（多変量解析法）の1つで、主成分分析法と呼ばれる手法と同じです。

ここで、たとえば乗用車の品質を考えてみましょう。品質を決める特性としては、燃費、馬力、最高速度など複数の特性が考えられます。このようなとき、何種類かの乗用車についてこれらの特性を示すデータがあれば、燃費はどの乗用車が優れているか、馬力ではどれか、最高速度ではどれかというように、特性ごとの比較ができます。

一方、複数の特性を別々に評価するのではなく、総合的に評価したいという場合もあります。このようなときに適用されるのがマトリックス・データ解析法です。マトリックス・データ解析法を利用すると、複数の特性を合成した総合指標を算出することができます。この総合指標で対象（モノやヒト）を評価すれば、総合的な評価が可能になります。

マトリックス・データ解析法は、総合指標の作成のほかに、似ている製品と似ていない製品といった対象のグルーピングや商品の位置付け（ポジショニング）などにも利用されます。

変数の布置図は主成分負荷プロットと呼ばれ、このグラフを視察することで、どの変数同士の関係が強いかを視覚的に発見することができます。

関係の強い変数同士は近くに打点されます。個体の布置図は主成分得点散布図と呼ばれ、打点間の距離が近いことで、どの個体同士がタイプが似ているかを視覚的に発見することができます。

図5-14 ● マトリックス・データ解析法の例

車種	エンジン	駆動	高級感	デザイン	乗り心地	静かさ	コスト
A	6	5	2	3	4	5	1
B	6	4	2	3	6	7	2
C	6	5	2	4	5	6	2
D	3	2	1	2	2	2	1
E	1	2	1	3	3	1	1
F	2	1	1	2	3	4	2
G	6	6	5	5	6	6	5
H	1	2	1	2	2	1	1
I	3	2	7	7	2	2	1
J	1	3	3	6	6	2	2
K	7	7	3	5	5	5	6
L	6	7	4	3	2	3	4

解析結果

変数（評価項目）の布置図　　　個体（車）の布置図

Point 複数の特性を合成した総合指標を算出します。

QC検定（品質管理検定）

　QC検定（品質管理検定）は、品質管理に関する知識をどの程度持っているかを全国で筆記試験を行って客観的に評価するものです。第1回試験は2005年に行われ、現在は年2回（3月と9月）の試験が実施されています。

　QC検定では、企業においてどのような仕事をしているか、その仕事において品質管理、改善を実施するレベルはどれくらいか、そしてその管理・改善をするためにどれくらいの知識が必要であるかにより4つの級が設定されています。

　各級の対象者は次のとおりです。

■1級／準1級

　品質管理部門のスタッフ、技術系部門のスタッフなど企業内において品質管理全般についての知識が要求される業務に携わる方々

■2級

　QC七つ道具などを使って品質に関わる問題を解決することを自らできることが求められる方々、小集団活動などでリーダー的な役割を担っており、改善活動をリードしている方々

■3級

　QC七つ道具などの個別の手法を理解している方々、小集団活動などでメンバーとして活動をしている方々、大学生、高専生、工業高校生など

■4級

　これから企業で働こうとする方々、人材派遣企業などに登録されている派遣社員の方々、大学生、高専生、高校生など
　※以上、日本規格協会ホームページより引用

第6章

QC七つ道具による
要因の解析

要因解析の事例

結果で層別する事例

変化に注目する要因解析の事例

39 要因解析の事例

実際のデータを使った要因解析の事例を紹介します

量的データと質的データの使い方に慣れる

　QC ストーリーの最重要ステップである、要因解析における QC 七つ道具の活用方法を、事例を通じて紹介していきます。

■問題の背景と現状の把握

　U社では、ある木材製品の曲げ強度不足が問題になっています（図6-1）。曲げ強度の規格は45（N/mm^2）以上と設定されています。この強度を満足しない不適合品がつくられてしまうということから、改善テーマとして「強度不良の低減」を取りあげて改善に取り組むことにしました。

■特性要因図による要因の抽出（一部抜粋）

　図6-2のような特性要因図によって要因の抽出を行いました。その結果、曲げ強度に影響すると思われる主要因として、

① 接着剤の量

② 乾燥時間

③ 木材の種類

を取りあげることにしました。

■データの収集

　要因の解析においては、曲げ強度と接着剤の量、曲げ強度と乾燥時間、曲げ強度と材料の種類の関係を把握できるようなデータが必要になります。そのためには、製品ごとに曲げ強度と対（ペア）になったデータを集

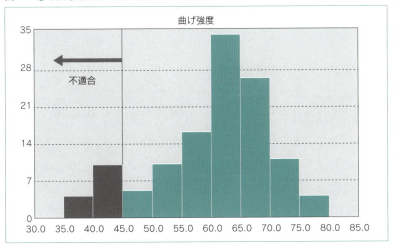

図6-1 ● 曲げ強度のヒストグラム（$n=120$）

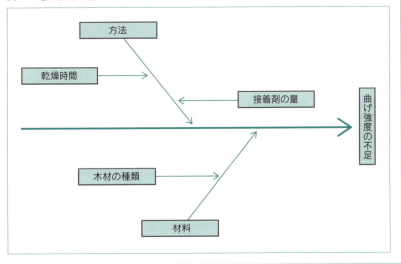

図6-2 ● 特性要因図による要因の抽出（一部抜粋）

> **Point** 層別や相関関係を調べていくと、要因が見えてくるようになります。

第6章 QC七つ道具による要因の解析

める必要があります。

そこで、製造上の記録データから、主要因に関する**表6-1**のようなデータを集めました。

■曲げ強度と木材の種類の関係

まず最初に、曲げ強度と木材の種類の関係を調べることにしました。

曲げ強度は数値で表現できるデータです。このようなデータは量的データと呼ばれています。一方、木材の種類を示すデータは数値で表現できません。このようなデータは質的データと呼ばれています。曲げ強度と木材の種類の関係を調べるということは、量的データと質的データの関係を調べるということになります。

このようなときには、量的データを質的データで層別して、層を比較することで関係の有無を調べることになります。そこで、**図6-3**のように、曲げ強度を木材の種類で層別したヒストグラムを作成して、吟味することにします。

層別ヒストグラムから、木材Aでは不適合品は発生せず、BとCで発生していることがわかりました。Bについては、ほとんど適合品を製造しているものの、その集団から離れた値の製品があり、これが不適合品となっていることがわかります。一方、Cについては、ねらいもずれており、ばらつきも大きいために、不適合品が発生しているがわかります。

■曲げ強度と接着剤の量の関係

次に、曲げ強度と接着剤の量の関係を調べることにしました。曲げ強度と接着剤の量は、ともに数値で表現できるデータです。したがって、ここでは量的データと量的データの関係を調べることになります。このようなときには、散布図を使います（**図6-4**）。

作成した散布図では、曲げ強度と接着剤の量の間に正の相関関係が見られます。すなわち、接着剤の量が増えると曲げ強度も強くなり、接着剤の

表6-1 ● 主要因に関するデータ表

製品番号	接着剤の量	乾燥時間	木材	曲げ強度	製品番号	接着剤の量	乾燥時間	木材	曲げ強度
1	47	81	A	63	61	54	75	B	70
2	44	83	A	63	62	47	76	B	60
3	49	81	A	67	63	49	85	B	63
4	48	78	A	70	64	40	82	B	50
5	49	84	A	64	65	51	73	B	63
6	54	91	A	73	66	53	73	B	67
7	45	79	A	61	67	57	83	B	72
8	44	79	A	61	68	52	79	B	62
9	43	76	A	60	69	45	86	B	55
10	50	75	A	68	70	26	79	B	35
11	43	82	A	60	71	37	80	B	57
12	46	80	A	63	72	45	77	B	56
13	45	80	A	68	73	48	86	B	60
14	50	90	A	68	74	45	79	B	61
15	42	77	A	62	75	46	82	B	55
16	55	81	A	74	76	42	84	B	48
17	45	85	A	59	77	60	71	B	69
18	42	75	A	59	78	48	81	B	63
19	50	84	A	71	79	48	83	B	59
20	45	69	A	69	80	46	85	B	62
21	42	80	A	60	81	29	77	C	40
22	45	69	A	61	82	51	83	C	57
23	50	73	A	68	83	38	73	C	43
24	42	79	A	63	84	41	77	C	51
25	43	84	A	61	85	52	76	C	69
26	42	79	A	60	86	54	81	C	67
27	51	79	A	64	87	44	74	C	51
28	51	81	A	71	88	56	80	C	63
29	36	73	A	70	89	38	80	C	50
30	50	85	A	67	90	33	87	C	41
31	50	85	A	68	91	39	83	C	48
32	43	79	A	61	92	46	84	C	59
33	46	84	A	60	93	30	73	C	36
34	49	78	A	66	94	41	78	C	47
35	48	71	A	65	95	47	86	C	55
36	46	81	A	66	96	29	68	C	37
37	46	88	A	62	97	42	79	C	54
38	42	74	A	59	98	39	75	C	54
39	40	84	A	61	99	39	83	C	50
40	42	78	A	57	100	33	87	C	40
41	11	69	B	35	101	51	75	C	60
42	13	76	B	38	102	44	72	C	57
43	12	67	B	40	103	32	75	C	43
44	16	79	B	43	104	66	84	C	78
45	18	87	B	42	105	39	82	C	49
46	46	78	B	60	106	40	75	C	52
47	46	79	B	64	107	31	73	C	41
48	52	72	B	68	108	44	71	C	54
49	49	83	B	63	109	39	88	C	45
50	47	71	B	64	110	39	84	C	46
51	48	89	B	65	111	43	86	C	59
52	47	79	B	63	112	64	72	C	77
53	52	69	B	70	113	46	79	C	57
54	53	82	B	74	114	33	75	C	42
55	42	85	B	56	115	42	84	C	57
56	48	79	B	68	116	51	74	C	59
57	57	81	B	74	117	48	71	C	62
58	38	73	B	57	118	50	79	C	61
59	50	83	B	68	119	43	90	C	54
60	50	81	B	66	120	48	88	C	63

量が減ると、曲げ強度も弱くなるということがわかりました。

　一方で、集団から離れたデータも存在しています。とくに散布図の左下にあるデータは、曲げ強度の規格である45を満たしていない不適合品になっています。そこで、**図6-5**のような木材の種類で層別した散布図を作成しました。層別した散布図から、木材B（○印）の不適合品の原因は接着剤の量の不足であることが推察できます。

　また、木材C（×印）の接着剤の量はほかの木材に比べてばらつきが大きく、木材Cの不適合品の原因は接着剤の量のばらつきに問題があることが推察できます。

■曲げ強度と乾燥時間の関係

　最後に、曲げ強度と乾燥時間の関係を調べることにしました。

　乾燥時間は数値で表現できる量的データです。したがって、曲げ強度と乾燥時間の関係を調べるということは、量的データと量的データの関係を調べることになります。そこで、曲げ強度と接着剤の量の関係を調べたときと同様に、散布図を用いることになります。**図6-6**のような曲げ強度と接着剤の量の散布図を作成して、吟味することにしました。

　乾燥時間と曲げ強度の間には何の関係も見られません。乾燥時間は曲げ強度が不足する原因にはなっていないように思われます。念のため、これも木材で層別することにしました（**図6-7**）。

　その結果、どの木材においても、乾燥時間と曲げ強度は関係がないことが確認できました。

　以上のことから、曲げ強度の不足原因としては、

① 木材Bの接着剤の量が突発的に少なくなる

② 木材Cの接着剤の量のばらつきが大きい

ということを重要視することにしました。こうした現象がなぜ起きているのかというさらなる要因解析に進むか、上記の①と②に対策を取るかという方向に進みます。

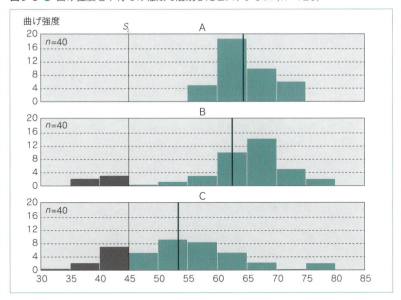

図6-3 ● 曲げ強度を木材での種類で層別したヒストグラム（$n=120$）

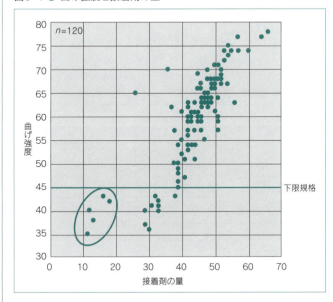

図6-4 ● 曲げ強度と接着剤の量

第6章 QC七つ道具による要因の解析

図6-5 ● 木材の種類で層別した散布図

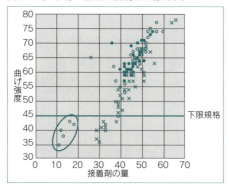

図6-6 ● 曲げ強度と乾燥時間の散布図

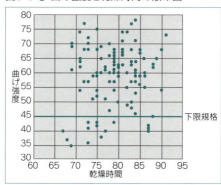

図6-7 ● 層別散布図

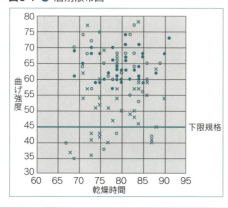

【参考】層別散布図の別な例

　先の散布図は1枚の散布図に木材の種類を変えて作成しましたが、重なりが多く、関係がはっきり読み取れない場合もあります。こうしたときには、1枚の散布図に表現するのではなく、層ごとに散布図を作成してみる必要が出てきます（図6-8）。

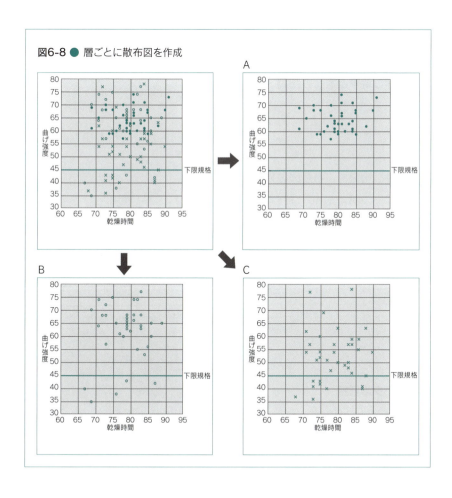

図6-8 ● 層ごとに散布図を作成

40 結果で層別する事例

不良が出たという結果系のデータで解析します

特性要因図で抽出した4つの要因の関係を調べる

先の事例では、問題としている結果は曲げ強度という数値で表現できる
データでした。ここでは、曲げ強度ではなく、ひびが入ってしまうという
問題を解決する場合の進め方を紹介します。

■問題の背景と現状の把握

先の例で「ひび不良」を問題として置き換えます。ひび不良の発生状況
を図6-9に示します。

■特性要因図による要因の抽出（一部抜粋）

特性要因図により、ひび不良を起こすと思われる主要因として、

① 接着剤の量

② 乾燥時間

③ 木材の種類

④ 湿度

を取りあげることにしました（図6-10）。湿度以外は曲げ強度の特性要因
図と同じです。

■データの収集

曲げ強度のデータに湿度のデータを追加したのが表6-2のデータ表で
す。また、曲げ強度のデータは削除して、ひび不良が起きたかどうかとい
うデータを結果系のデータにしています。

128

図6-9 ● ひび不良の発生状況 (*n*=120)

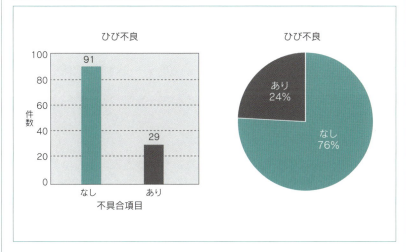

図6-10 ● 特性要因図による要因の抽出（一部抜粋）

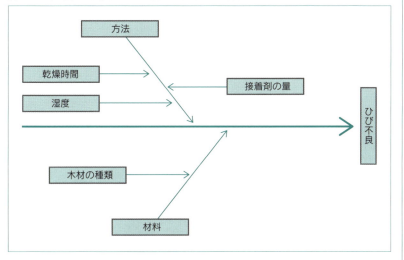

> **Point** 結果で層別することで、要因を特定していきます。

第6章 QC七つ道具による要因の解析

■ひび不良と木材の種類の関係

　最初に、ひび不良の有無と木材の種類の関係を調べることにしました。ひび不良の有無は「あり」「なし」という、数値では表現できないデータです。このようなデータは質的データと呼びました。

　一方、木材の種類も質的データです。質的データ同士の関係を調べるときには、**図6-11**に示すような分割表と呼ばれる集計表を作成します。

　この分割表は3行2列（合計は入れない）の表なので、3×2分割表とも表現されます。

　分割表の情報は**図6-12**に示すような帯グラフで表現するのが一般的です。木材Aからは発生しておらず、Cにひび不良が多いことがわかります。このようなときには、AとCの違いに注目することが重要です。

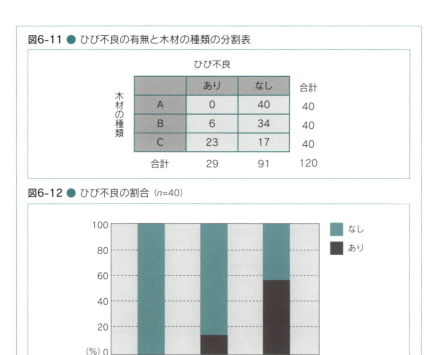

図6-11 ● ひび不良の有無と木材の種類の分割表

図6-12 ● ひび不良の割合 (n=40)

表6-2 ● ひび不良と湿度のデータ表

製品番号	接着剤の量	乾燥時間	湿度	木材	ひび不良
1	47	81	50	A	なし
2	44	83	43	A	なし
3	49	81	53	A	なし
4	48	78	50	A	なし
5	49	84	56	A	なし
6	54	91	49	A	なし
7	45	79	49	A	なし
8	44	79	47	A	なし
9	43	76	45	A	なし
10	50	75	43	A	なし
11	43	82	47	A	なし
12	46	80	47	A	なし
13	45	80	47	A	なし
14	50	90	56	A	なし
15	42	77	44	A	なし
16	55	81	47	A	なし
17	45	85	51	A	なし
18	42	75	41	A	なし
19	50	84	48	A	なし
20	45	69	39	A	なし
21	42	80	41	A	なし
22	45	69	39	A	なし
23	50	73	38	A	なし
24	42	79	46	A	なし
25	43	84	48	A	なし
26	42	79	47	A	なし
27	51	79	47	A	なし
28	51	81	49	A	なし
29	36	73	44	A	なし
30	50	85	51	A	なし
31	50	85	49	A	なし
32	43	79	51	A	なし
33	46	84	53	A	なし
34	49	78	40	A	なし
35	48	71	48	A	なし
36	46	81	47	A	なし
37	46	88	58	A	なし
38	42	74	47	A	なし
39	40	84	49	A	なし
40	42	78	42	A	なし
41	11	69	27	B	あり
42	13	76	39	B	あり
43	12	67	30	B	あり
44	16	79	39	B	あり
45	18	87	46	B	あり
46	46	78	50	B	なし
47	46	79	44	B	なし
48	52	72	46	B	なし
49	49	83	50	B	なし
50	47	71	43	B	なし
51	48	89	55	B	なし
52	47	79	47	B	なし
53	52	69	42	B	なし
54	53	82	48	B	なし
55	42	85	46	B	なし
56	48	79	52	B	なし
57	57	81	50	B	なし
58	38	73	39	B	なし
59	50	83	47	B	なし
60	50	81	47	B	なし
61	54	75	43	B	なし
62	47	76	45	B	なし
63	49	85	49	B	なし
64	40	82	48	B	なし
65	51	73	44	B	なし
66	53	73	41	B	なし
67	57	83	46	B	なし
68	52	79	47	B	なし
69	45	86	54	B	なし
70	26	79	47	B	なし
71	37	80	49	B	なし
72	45	77	41	B	なし
73	48	86	50	B	なし
74	45	79	49	B	なし
75	46	82	49	B	なし
76	42	84	40	B	あり
77	60	71	39	B	なし
78	48	81	42	B	なし
79	48	83	51	B	なし
80	46	85	52	B	なし
81	29	77	38	C	あり
82	51	83	42	C	なし
83	38	73	40	C	あり
84	41	77	40	C	あり
85	52	76	48	C	なし
86	54	81	48	C	なし
87	44	74	36	C	あり
88	56	80	43	C	なし
89	38	80	39	C	あり
90	33	87	46	C	あり
91	39	83	45	C	あり
92	46	84	50	C	なし
93	30	73	35	C	あり
94	41	78	44	C	なし
95	47	86	43	C	なし
96	29	68	36	C	あり
97	42	79	42	C	あり
98	39	75	42	C	あり
99	39	83	41	C	あり
100	33	87	45	C	あり
101	51	75	47	C	なし
102	44	72	41	C	なし
103	32	75	39	C	あり
104	66	84	50	C	なし
105	39	82	42	C	あり
106	39	75	36	C	あり
107	31	73	31	C	あり
108	44	71	34	C	あり
109	39	88	48	C	あり
110	39	84	38	C	あり
111	43	86	51	C	なし
112	64	72	45	C	なし
113	46	79	47	C	なし
114	33	75	36	C	あり
115	42	84	47	C	なし
116	51	74	43	C	なし
117	48	71	39	C	なし
118	50	79	48	C	なし
119	43	90	49	C	あり
120	48	88	55	C	なし

■ひび不良と接着剤の量の関係

つぎは、ひび不良と接着剤の量の関係を調べることにしました。

ひび不良は質的データで、接着剤の量は量的データです。こうしたときには、質的データで量的データを層別するのがデータ分析の定石です。これは結果（ひび不良の有無）で原因（接着剤の量）を層別していることになります（**図6-13**）。

接着剤の量は、ひび不良のない製品では多く、ひび不良のある製品は少ないという特徴を見つけることができます。また、接着剤の量が45.4付近を超えると、ひび不良が起きていないこともわかります。

■ひび不良と乾燥時間の関係

今度はひび不良と乾燥時間の関係を調べることにしました（**図6-14**）。

乾燥時間はひび不良のない製品とある製品のばらつきに大きな違いはないことがわかります。

■ひび不良と湿度の関係

今度はひび不良と湿度の関係を調べることにしました（**図6-15**）。

湿度については、ひび不良のない製品のほうが高く、ひび不良のある製品は低い傾向にあることがわかります。ただし、ひび不良ありとなしの湿度については重なりも大きく、はっきりとした区別はできません。

図6-13 ● ひび不良と接着剤の量の関係

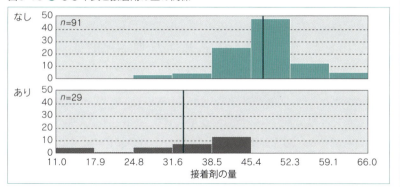

図6-14 ● ひび不良と乾燥時間の関係

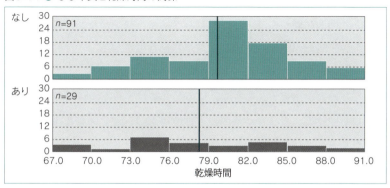

図6-15 ● ひび不良と湿度の関係

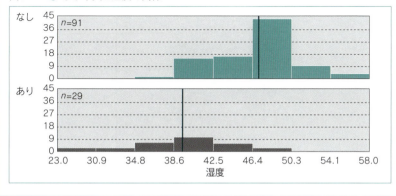

■層別散布図による解析

要因系のデータに2つの量的データがあるときには、結果（ひび不良の有無）で層別した散布図も役立つので、作成することにしました。

図6-16を見ると、接着剤の量と乾燥時間の間には関係が見られません。層別ヒストグラムで得られた情報と同じく、ひびのある製品は接着剤の量が少ないことがわかります。

ひびありに着目すると、接着剤の量と乾燥時間の間には弱い正の相関関係が見られます。湿度が低くなると、ひび不良が起きやすくなる傾向は見られます（図6-17）。

図6-18を見ると、湿度と乾燥時間には正の相関が見られます。また湿度が高いときには乾燥時間を長くするという調整をしていることがわかります。この散布図からは、ひび不良とはあまり関係がないと思われていた湿度と乾燥時間が関係していることがわかります。

以上が結果から原因を探る要因解析の進め方の例です。ここまでの解析結果を見ると、木材AとCの違いや、湿度に対する乾燥時間の調整方法などに目を向けて、さらなる要因の解析や対策の方向を探ると問題の解決にたどり着きそうなことがわかりました。

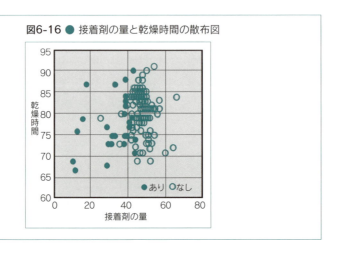

図6-16 ● 接着剤の量と乾燥時間の散布図

図6-17 ● 接着剤の量と湿度の散布図

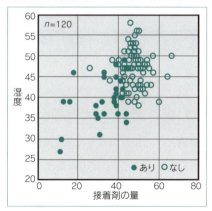

図6-18 ● 湿度と乾燥時間の散布図

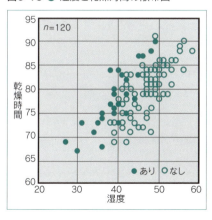

41 変化に注目する要因解析の事例

原因がわからなければ、違いに着目しましょう

時間順のデータは、折れ線グラフと管理図を使う

データが、時間の経過とともにどのように変化をしているのかを見るのが折れ線グラフと管理図です。ここでは、変化の要因を探る事例を紹介します。

■問題の背景と現状の把握

ある食品の梱包材を製造しているK社では、その製造工程を管理する重要な管理項目として、製品の重量を取りあげて管理図による管理をすることにしました。

そこで、最近の50日分の製品重量を測定したデータをもとに、**図6-19**

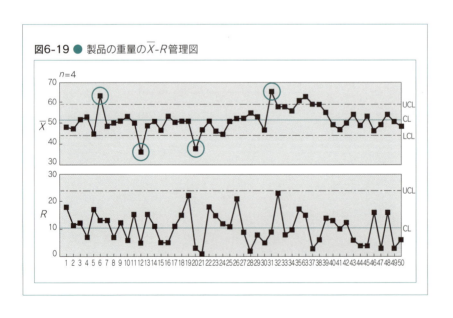

図6-19 ● 製品の重量の $\overline{X}$-R 管理図

表6-3 ● 原データ表

群	X1	X2	X3	X4	Xbar	R	材料
1	58	44	40	51	48.3	18	A
2	49	47	42	53	47.8	11	A
3	58	55	46	48	51.8	12	B
4	51	49	56	56	53.0	7	B
5	57	40	42	40	44.8	17	A
6	58	65	57	70	62.5	13	B
7	51	44	43	56	48.5	13	A
8	48	47	51	54	50.0	7	A
9	49	45	53	57	51.0	12	B
10	51	53	57	51	53.0	6	B
11	57	47	55	42	50.3	15	A
12	39	38	36	34	36.8	5	A
13	54	49	53	39	48.8	15	A
14	53	56	45	47	50.3	11	A
15	45	47	45	50	46.8	5	A
16	55	50	55	53	53.3	5	B
17	51	47	57	46	50.3	11	A
18	60	51	47	45	50.8	15	B
19	56	52	37	59	51.0	22	B
20	40	38	37	39	38.5	3	A
21	47	46	46	47	46.5	1	A
22	43	61	48	51	50.8	18	B
23	37	52	48	48	46.3	15	A
24	46	44	39	51	45.0	12	A
25	50	46	57	50	50.8	11	B
26	64	51	50	43	52.0	21	B
27	48	54	57	51	52.5	9	B
28	56	54	54	55	54.8	2	B
29	53	57	49	53	53.0	8	B
30	48	44	46	49	46.8	5	A
31	63	67	60	69	64.8	9	B
32	54	46	63	69	58.0	23	B
33	55	58	58	63	58.5	8	B
34	60	50	58	57	56.3	10	B
35	63	57	68	51	59.8	17	B
36	68	68	59	53	62.0	15	B
37	60	61	59	58	59.5	3	B
38	61	58	63	57	59.8	6	B
39	57	48	62	52	54.8	14	B
40	47	55	53	42	49.3	13	A
41	44	48	43	53	47.0	10	A
42	43	52	55	50	50.0	12	A
43	57	53	55	51	54.0	6	B
44	48	47	51	49	48.8	4	A
45	55	51	51	55	53.0	4	B
46	52	48	50	36	46.5	16	A
47	49	51	49	48	49.3	3	A
48	46	54	54	62	54.0	16	B
49	49	52	49	52	50.5	3	A
50	45	49	51	49	48.5	6	A

第6章 QC七つ道具による要因の解析　　**137**

のような$\overline{X}$-R管理図を作成しました。1日を1つの群として、1日4個の製品重量を測定しています。

管理図を見ると、$\overline{X}$管理図のほうで管理限界線を越えている異常な日があり、工程は安定状態にあるとは言えないことがわかります。

この管理図の原データ表を**表6-3**に示しておきます。

■層別管理図

この工程では、データ表に示されているように、A社製とB社製の材料を使用していて、日により変更しています。そこで、材料で層別した管理図を作成してみました（**図6-20**）。

この管理図をみると、A社製は重量が軽く、B社製は重くなっていることがわかります。最初の管理図において、下方管理限界を下回っている異常はA社製のときで、上方管理限界を上回っている異常はB社製のときであることがわかりました。

■違いに注目

A社製とB社製を比較して、どこに違いがあるのかを探ることにしました。

この過程で、材料の厚さの違いがあるのではないかという仮説が浮かびあがりました。そこで**図6-21**のような厚さデータについて層別ヒストグラムを作成した結果、A社製のほうが薄く、B社製のほうが厚くなっていることが確認できました。

■関係の確認

以上の結果、重量の安定状態にない原因は、材料の厚さのばらつきである可能性が高いことがわかってきました。そこで、厚さと重量の関係を散布図で確認してみました（**図6-22**）。また同時に、A社製とB社製で層別した散布図も示します（**図6-23**）。

図6-20 ● 材料で層別した管理図

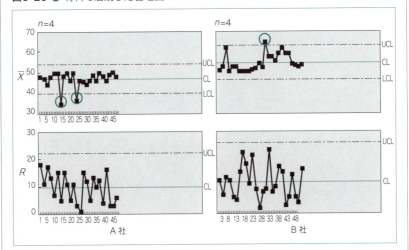

図6-21 ● 厚さで層別したヒストグラム

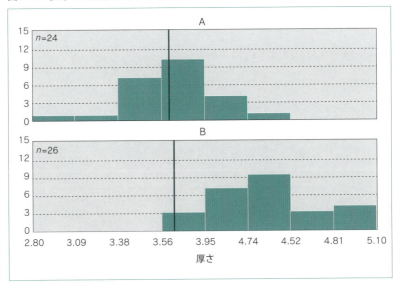

第6章 QC七つ道具による要因の解析

この解析結果から、工程が管理状態にない原因は、A社製とB社製の材料の厚さのばらつきである可能性が高いことがわかりました。

　材料は調達品なので、A社とB社に設計値を徹底してもらうよう依頼すると同時に、受入検査における基準の見直しを行うことにしました。

【ワンポイントアドバイス】違いの追究と原因の追究

　原因を追究するときには、違いを追究することが大切です。最初から原因を追究しようとすると、つい頭の中で考えてしまい、事実に基づかないので、真の原因を見落とす可能性が高くなります。

　また、要因解析で最初に使われるのが特性要因図ですが、このとき、要因が頭に浮かばなければ特性要因図は描けません。要因候補が浮かばないときこそ「どこに違いがあるのか」と考えることが原因を追究するときの基本姿勢だと考えてください。

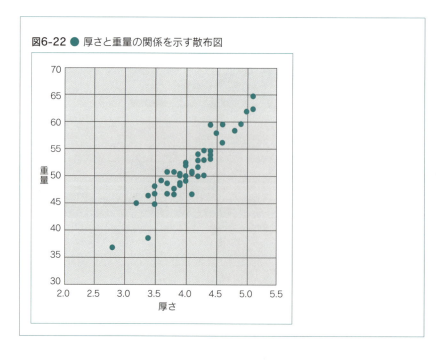

図6-22 ● 厚さと重量の関係を示す散布図

図6-23 ● A社、B社で層別した散布図

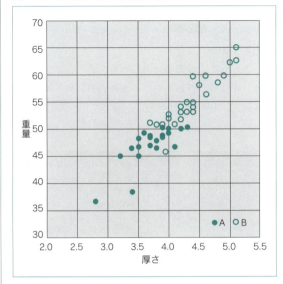

図6-24 ● 原因追究の基本は違いの追究

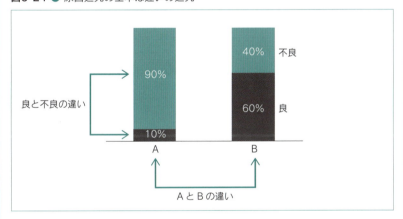

> **Point** 原因追究は、違いに注目することによって、真の原因が見えてきます。

QC検定4級

【4級の認定する知識と能力のレベル 】

　組織で仕事をするにあたって、品質管理の基本を含めて企業活動の基本常識を理解しており、企業等で行われている改善活動も言葉としては理解できるレベルです。

【4級の試験範囲 】

品質管理の実践

品質管理
- 品質とその重要性
- 品質優先の考え方（マーケットイン、プロダクトアウト）
- 品質管理とは
- お客様満足とねらいの品質
- 問題と課題
- 苦情、クレーム

管理
- 管理活動（維持と改善）
- 仕事の進め方
- PDCA、SDCA
- 管理項目

改善
- 改善（継続的改善）
- QC ストーリー（問題解決型 QC ストーリー）
- 3 ム（ムダ、ムリ、ムラ）
- 小集団改善活動とは（QC サークルを含む）
- 重点指向とは

工程（プロセス
- 前工程と後工程
- 工程の 5M
- 異常とは（異常原因、偶然原因）

検査
- 検査とは（計測との違い）
- 適合（品）
- 不適合（品）（不良、不具合を含む）
- ロットの合格、不合格
- 検査の種類

標準・標準化
- 標準化とは
- 業務に関する標準、品物に関する標準（規格）
- 色々な標準

品質管理の手法

事実に基づく判断
- データの基礎（母集団、サンプリング、サンプルを含む）
- ロット
- データの種類（計量値、計数値）
- データのとり方、まとめ方
- 平均とばらつきの概念
- 平均と範囲

データの活用と見方
- QC 七つ道具（種類、名称、使用の目的、活用のポイント）
- 異常値
- ブレーンストーミング

企業活動の基本
- 製品とサービス
- 職場における総合的な品質（QCD + PSME）
- 報告・連絡・相談（ほうれんそう）
- 5 W 1 H
- 三現主義
- 5 ゲン主義
- 企業生活のマナー
- 5 S
- 安全衛生（ヒヤリハット、KY 活動、ハインリッヒの法則）
- 規則と標準（就業規則を含む）

第7章

いろいろな
問題解決法

課題達成型QCストーリー

シックスシグマ活動による品質改善

42 課題達成型QCストーリー

過去に経験したことがない高い目標、対策案の探索に有効です

PDCAサイクルではPにあたる

QCストーリーのほかに、多くの企業で使われている問題解決の手順を紹介していきます。

■課題解決に向けての改善手順

過去の活動において達成したことのないような高いレベルの目標を掲げたテーマや、対策案の探索が中心となるようなテーマに向けた改善手順として、「課題達成型QCストーリー」が提唱されています。

課題達成型QCストーリーは、次のような性格を持つテーマに適用してみるとよいでしょう。

① 現状の水準を大幅に向上させる

② 魅力的品質を創造する

③ 初めて取り組む仕事の課題を解決する

④ 繰返しの少ない仕事の問題を解決する

⑤ 研究開発に関する問題を解決する

⑥ 原因は既知で対策案が未知の問題を解決する

課題達成型QCストーリーに対して、これまで述べてきたQCストーリーは、対比する意味で「問題解決型QCストーリー」と呼ばれることがあります。

また、対策の追究に力点が置かれる問題を目標指向型問題と呼んでいます。この問題解決には、目標から手段を追究するようなアプローチが必要になり、こうしたアプローチを設計的アプローチと呼んでいます。

144

図7-1 ● 問題解決型と課題達成型

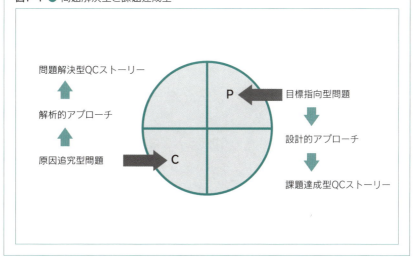

　一方、原因の追究に力点が置かれる問題を原因追究型問題と呼んでいます。この問題解決には、結果から原因を追究するアプローチが必要になり、このようなアプローチは解析的アプローチと呼ばれます。

　このことから、課題達成型QCストーリーは目標指向型問題を解決するための設計的アプローチを手順化したものであると位置付けることができます。一方、これまでの問題解決型QCストーリーは原因追究型問題を解決するための解析的アプローチを手順化したものであると言えます。

　また、PDCAのサイクルで位置付けると、P（計画）段階でのテーマに向いているのが課題達成型QCストーリーで、C（確認）段階でのテーマに向いているのが問題解決型QCストーリーです（**図7-1**）。

■課題達成型QCストーリーの進め方

　最初に取り組むテーマを決めます。テーマは経営課題や品質方針に沿ったものであるかどうかを確認します。

　テーマが決まったら、テーマに関する現状と課題を明確にして目標を設

定します。目標は、

- ・何を（目標項目）
- ・どこまで（目標値）
- ・いつまで（達成期日）

の3要素が明確になっていなければいけません。

　次に、課題を達成するための方策を立案します。ここでは方策案を立案する創造力が要求されます。

　方策の立案ができたら、その方策を実行する過程でどのような障害が起こる可能性があるかを予測をします。そして、この予測される障害に対する方策も考えます。不測の事態が起きても、事前に手を打つことで課題が解決されるように計画しておくのです。これが成功シナリオの追究ということになります。

　成功シナリオが決まったならば、それを実施に移します。進捗に遅れが出ないように、日程管理を行っていきます。

　実施した結果は必ず確認して、効果が出ているかどうかを判断します。効果が出ていないときや予定どおりに進んでいないときは、シナリオを変更することになります。

　課題達成ができたならば、それまでにやってきたことで成功した方策については標準化します。そして最後に、残された課題や別の課題に展開できることを整理します。

　課題達成型QCストーリーにおける方策の立案や成功シナリオの追究では、新QC七つ道具の系統図やPDPCが有効な手法です。

> **Point**　取り上げるテーマによって、問題解決型か課題達成型かが変わり、アプローチ方法も異なってきます。

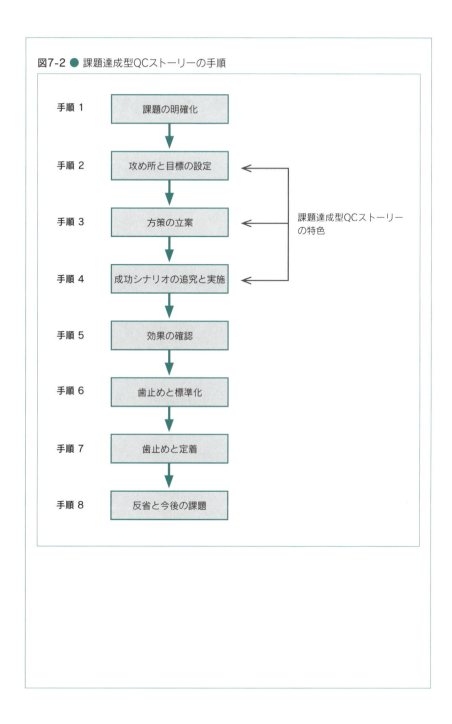

図7-2 ● 課題達成型QCストーリーの手順

43 シックスシグマ活動による品質改善

不具合の発生率100万分の 3 以下を目標とします

5つのステップDMAICで進める

■シックスシグマ活動

　仕事のプロセスで生じるばらつきを小さくすることにより品質を改善していく組織的な活動で、アメリカで生まれた活動体系です。

　シックスシグマのシグマ（σ）はばらつきの大きさを表す指標で、標準偏差のことです。したがって、シックスシグマとは、標準偏差の6倍ということになります。この6倍する意味は、平均値から標準偏差の6倍以上離れるようなデータはほとんど発生しないので、仕事における不具合の発生率もその程度の確率にしようということから来ています。このような数値目標を掲げて、品質の改善活動を展開するのがシックスシグマ活動です。具体的には、不具合の発生率を100万分の 3 以下にすることを目標とする改善活動です。

　シックスシグマ活動の対象となるのは、製品の品質だけでなく、仕事の品質も対象にしています。したがって、注文書の発注ミス率、文書の記述ミスなども目標としてあげられます。たとえば、注文書を100万枚発行した場合、その中の発注ミスは3枚以下にしようという改善活動を展開することになります。品質を製品の品質だけに限定しないところはTQM活動と同じです。シックスシグマ活動で使われる手法も、TQM活動と同じで、QC七つ道具や統計的方法が推奨されます。

　TQM活動との大きな相違点は、シックスシグマ活動は「日常の組織とは別に、改善のための組織を構成して、プロジェクト方式で、問題解決活動に取り組む」という進め方にあります。

ところで、数量データが正規分布すると仮定した場合、平均から6σ離れたデータが発生する確率はほとんど0で、100万分の3というのは6σではなく、4.5σ離れたデータが発生する確率に相当します。

■ **シックスシグマ活動の改善プロセス**

シックスシグマ活動ではDMAIC（ディーマイク）と呼ばれる5つのステップからなる問題解決の進め方が提唱されています（**図7-3**）。

> ●ワンポイントメモ●
> KT(Kepner Tregoe) 法と呼ばれる問題解決の方法があります。この中にIS/ISNOT分析と呼ばれる方法があり、これは要因解析に非常に有効な方法です。たとえば、ある不良品の原因を見つけたいとしましょう。このときには、不良品(IS)と良品(ISNOT)では、どこが違うのか相違点を見つけ出して、不良品の原因を追究するという方法です。

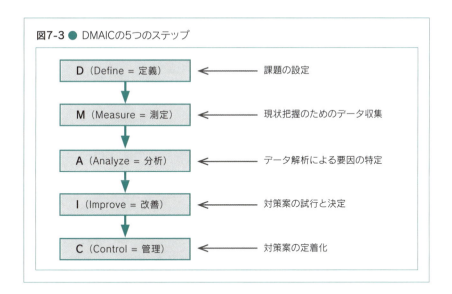

図7-3 ● DMAICの5つのステップ

Point TQM活動との違いは「改善のための組織を構成してプロジェクト方式で取り組む」という点です。

第7章 いろいろな問題解決法　149

QC検定3級

【3級の認定する知識と能力のレベル 】

　QC 七つ道具については、つくり方・使い方をほぼ理解しており、改善の進め方の支援・指導を受ければ、職場において発生する問題を QC 的問題解決法により解決していくことができ、品質管理の実践についても、知識としては理解しているレベルです。また、基本的な管理・改善活動を必要に応じて支援を受けながら実施できるレベルです。

【3級の試験範囲 】

品質管理の実践
QC 的ものの見方・考え方
品質の概念
管理の方法
・維持と管理
・PDCA、SDCA、PDCAS
・継続的改善・問題と課題
・問題解決型 QC ストーリー
・課題達成型 QC ストーリー
品質保証：新製品開発、プロセス保証
品質経営の要素：方針管理、日常管理、標準化、小集団活動、人材育成、品質マネジメントシステム

品質管理の手法
データの取り方・まとめ方
・データの種類
・データの変換
・母集団とサンプル
・サンプリングと誤差
・基本統計量とグラフ
QC 七つ道具
・パレート図
・特性要因図
・チェックシート
・ヒストグラム
・散布図
・グラフ（管理図別項目として記載）
・層別
新 QC 七つ道具
・親和図法
・連関図法
・系統図法
・マトリックス図法
・アローダイアグラム法
・PDPC 法
・マトリックス・データ解析法
統計的方法の基礎
・正規分布（確率計算を含む）
・二項分布（確率計算を含む）
管理図
・管理図の考え方、使い方
・$\bar{X}$-R 管理図
・p 管理図、np 管理図
工程能力指数
・工程能力指数の計算と評価方法
相関分析
・相関係数

第8章

QC七つ道具の
誤った作り方・使い方

ヒストグラムの誤った作り方・使い方

その他の手法の誤った作り方・使い方

44 ヒストグラムの誤った作り方・使い方

ヒストグラムの誤用の例を紹介します

ルールを守らないと、誤った分析結果を出してしまう

■ヒストグラムの柱の本数が多過ぎる

　ヒストグラムで柱の本数が多過ぎると、正しい分布形状の図が得られません。図8-1は正規分布を示すデータなのですが、これではまったく異なる分布だと捉えてしまいかねません。正しい分布形状を把握するためには、図8-2のように適切な柱の本数で描くようにしましょう。

■ヒストグラムで柱の幅が異なる

　ヒストグラムを描く際には、柱の幅は必ず揃えましょう。図8-3のよう

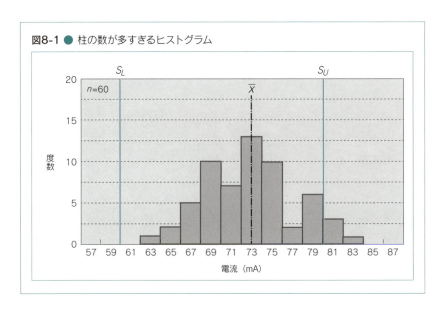

図8-1 ● 柱の数が多すぎるヒストグラム

に幅が異なると、正しい分布形状を把握できません。ヒストグラムはデータのばらつきを見る道具ですから、柱の幅は必ず統一するようにしてください。

図8-2 ● 柱の数が適切なヒストグラム

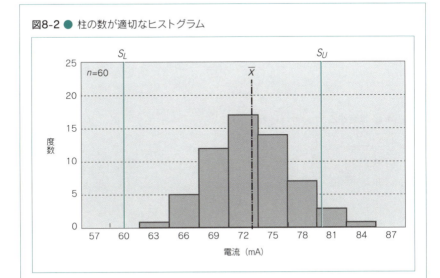

図8-3 ● 柱の幅が異なるヒストグラム

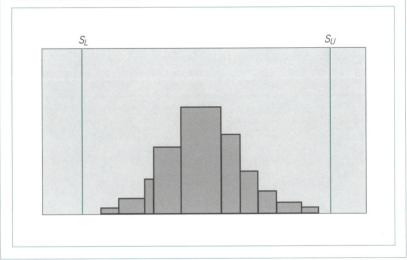

第8章 QC七つ道具の誤った作り方・使い方　153

■**層別ヒストグラムで境界値を揃えない**

　図8-4に示す1号機、2号機のヒストグラムは、本来は平均値、ばらつき幅ともに異なっています。しかし、それぞれの横軸が揃っていないので、一見似たような分布形状となってしまいました。比較したいヒストグラム同士の横軸を揃えなければ、平均値の位置、ばらつき幅を正しく比較できません。

　描き方の良し悪しを比較しやすいよう、横軸および縦軸を揃えて描いたヒストグラムを**図8-5**に示します。

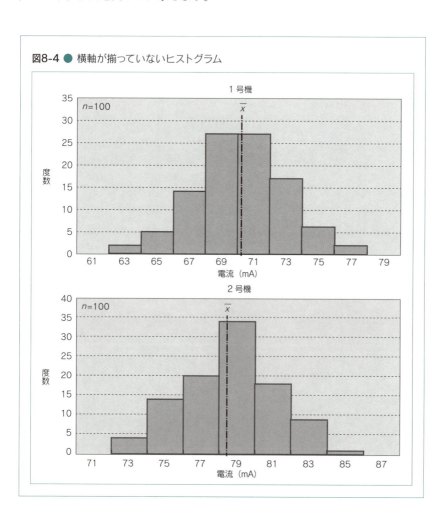

図8-4 ● 横軸が揃っていないヒストグラム

横軸が揃っていることにより、平均値が大きくずれていることを確認できます。更に縦軸が揃っていることにより、2号機の方が尖った分布になっていることを確認できます。また、柱の幅の長さも揃っていることから、データのばらつき具合は1号機のほうが若干大きそうだということもわかります。

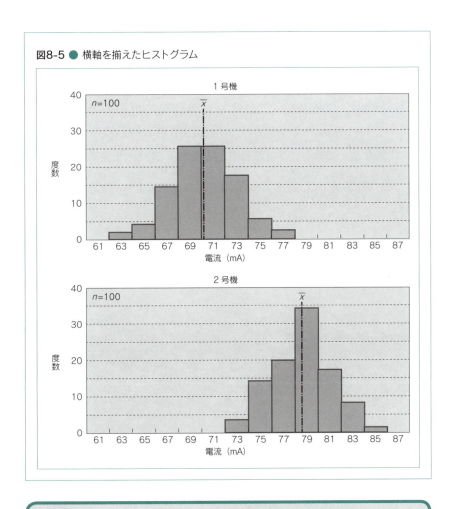

図8-5 ● 横軸を揃えたヒストグラム

> **Point** ヒストグラムを作成するときには柱の数、幅、境界値に注意しましょう。

第8章 QC七つ道具の誤った作り方・使い方　155

45 その他の手法の誤った作り方・使い方

パレート図、散布図、管理図の注意点です

作成時にやってはならないこと

■パレート図で「その他」を右端に出さない

　パレート図の「その他」とは、取り上げた各項目の数が非常に小さいものを便宜的に1つにまとめただけです。図8-6のように右端に出さず製品の中に含めてしまうと、第3番目である製品Dでの累積比率を確認することができません。層別して多い順に並べますが、「その他」は必ず右端に出すようにしましょう。

■散布図上の点が正方形内でばらつくようにしていない

　散布図の打点範囲を正方形にしていないと、相関があってもないように

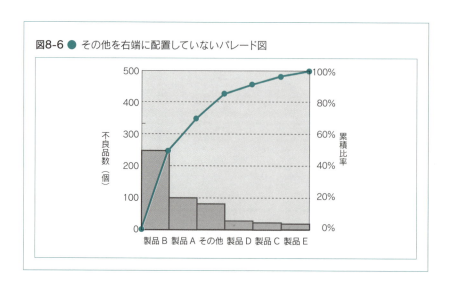

図8-6 ● その他を右端に配置していないパレート図

図8-7 ● 打点範囲が正方形でない散布図　**図8-8** ● 打点が正方形の散布図

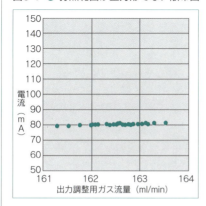 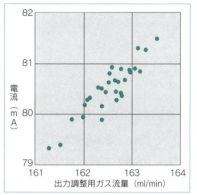

見えてしまうことがあります。

　図8-7は打点が横一直線なので無相関に見えますが、実は図8-8とデータは同じものです。散布図の作り方次第で、結果は大きく変わってしまうのです。

■**散布図で原因を横軸にしていない**

　関係を見たい2種類のデータの間に因果関係がある場合は、原因系を横軸にするのが散布図の原則です。たとえば、電流とヒーターの温度の関係を見たいときには、電流の変化によってヒーターの温度も変化するので、電流が原因系、ヒーターの温度が結果系となります。したがって、電流を横軸、ヒーターの温度を縦軸にするのが原則です。

 パレート図、散布図、管理図の作成では
それぞれやってはならないことがあります。

図8-8のように、ヒーターの温度を横軸、電流を縦軸にしてしまうと、ヒーターの温度が上がるにつれて、電流が流れるように見えてしまいます。

なお、人の体重と身長というように、どちらも結果のデータであるときには、どちらを縦軸にしてもかまいません。ただし、体重で身長を予測したいというようなときには、予測したいものを縦軸にするようにします。

■$\overline{X}$管理図に規格線を入れている

$\overline{X}$管理図に規格線を入れてはいけません。

図8-10の管理図には生データが×で示されています。これを見ると、$\overline{X}$管理図が安定状態であっても、規格内に収まっているかどうかまでは判定できていないことがわかります。

■層別管理図で目盛りを揃えていない

図8-11の管理図は、平均値も範囲Rも異なるものです。しかし目盛りを揃えていないので、左右の数値の比較が困難で、違いが見つけにくくなっています。

層別管理図の目盛りは統一するようにしてください。

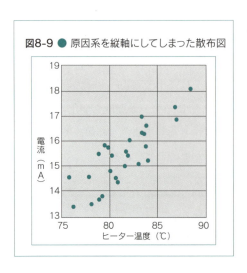

図8-9 ● 原因系を縦軸にしてしまった散布図

図8-10 ● 規格線を入れた$\overline{X}$管理図

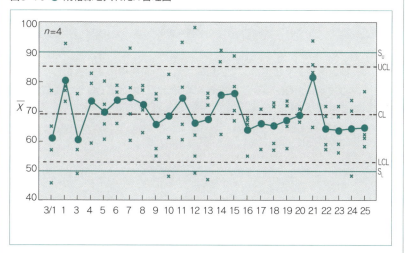

図8-11 ● 目盛りが不統一な層別管理図

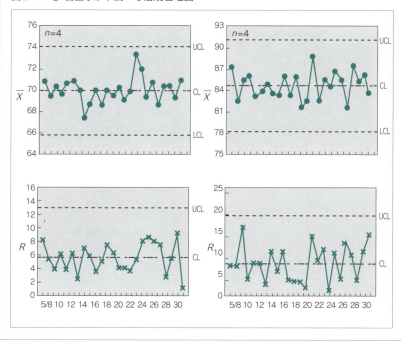

第8章 QC七つ道具の誤った作り方・使い方　159

QCストーリーとQC七つ道具の対応

　問題解決をする場合、その目的に合った分析の手法を選択しなければなりません。QCストーリーの各ステップにおけるQC七つ道具の活用推奨度を整理しました。

		QCストーリーのステップ					
		テーマの選定	現状の把握	要因の解析	対策の立案	効果の確認	標準化・歯止め
QC七つ道具	パレート図	◎	○			○	
	チェックシート		◎				○
	グラフ	○	○	○	○	○	○
	ヒストグラム		◎	○		◎	
	散布図		○	◎			
	管理図		○			○	◎
	特性要因図			◎			
	層別		◎	◎		◎	

◎ 非常に推奨　○ 推奨

付録

Excelによる
QC七つ道具

パレート図

ヒストグラム

散布図

| 付録 | ExcelによるQC七つ道具 |

Excelを活用したQC七つ道具の作り方です

　QC七つ道具の中のパレート図、ヒストグラム、散布図を取り上げて、Excelを用いた作成方法を紹介してきます。Excelは表やグラフの作成に適した表計算ソフトですが、QCのために作られたソフトではありません。したがって、本書も含めてQC関連の書籍で紹介されている「正式な」形をしたパレート図やヒストグラムを作成しようとすると、相当面倒な作業となります。一方で、形が似ている簡易的なものであっても、情報を読み取れれば十分であると考えると、容易にこれらのグラフを作成することができます。この付録では簡易的な方法を解説します。

① パレート図

■データ

クレーム	件数
割れ	90
ひび	30
折れ	120
反り	20
その他	40

■作成手順

<手順1> データの入力

つぎのように、セルA1からセルB6にデータを入力します。

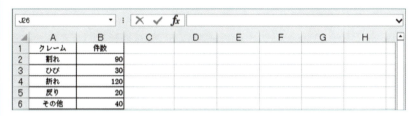

<手順2> データの並び替え

セルA1からセルB5を範囲指定し、[データ]→[並べ替え]を選択します。その他については最後に並べたいので、ここでは選択しないようにしてください。

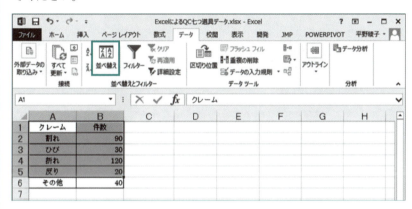

選択すると並べ替えダイアログボックスが表示されるので、

　　［優先されるキー］　　→「件数」

　　［順序］　　　　　　　→「降順」

と設定します。

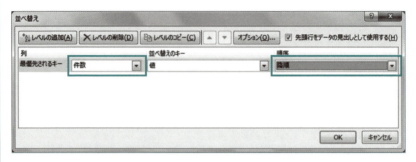

［OK］をクリックすると、件数の降順にデータが並び替わります。

	A	B
1	クレーム	件数
2	折れ	120
3	割れ	90
4	ひび	30
5	反り	20
6	その他	40

<手順3> 合計の計算

セルB7に件数の合計を計算します。

　B7 = SUM（B2：B6）

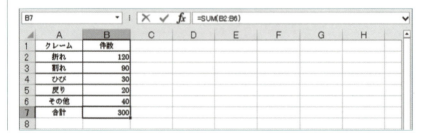

<手順4> 累積比率の計算

セルC2からC6に、クレームの累積比率を計算します。

C2 = SUM（$B$2:B2）/$B$7

［ホーム］→［パーセントスタイル（％）］を選択して、累積比率を％表示にします。

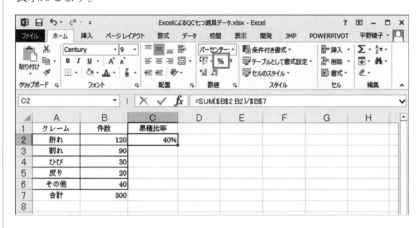

セルC2をセルC3からC6にコピー＆ペーストします。

<手順5> グラフ挿入

　セルA1からC6を範囲指定し、[挿入]→[縦棒グラフの挿入]→[集合縦棒]を選択します。

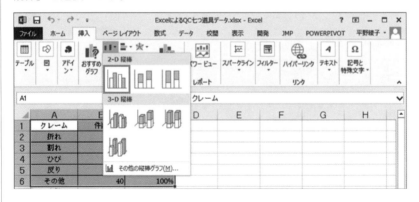

<手順6> グラフ種類の変更（累積比率を折れ線に変更）

　任意の件数（青色）の棒をクリックし、キーボードの「↑」キーを1回押すと、累積比率（赤色）の棒が選択されます。

　そこで、[デザイン]→[種類]→[グラフ種類の変更]を選択します。

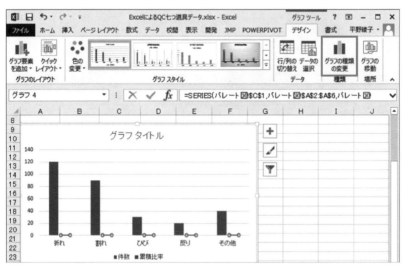

※デザインメニューは、グラフをクリックすると表示されます。

グラフ種類の変更ダイアログボックスが表示されるので、

　「件数」　→［集合縦棒］

　「累積比率」　→［マーカー付き折れ線］

と設定して、「累積比率」の［第2軸］にチェックを入れます。

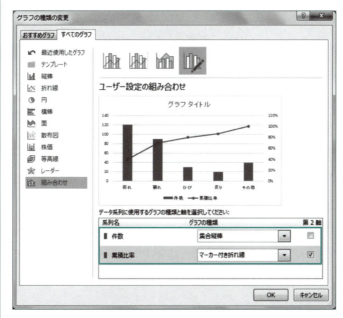

［OK］をクリックすると、次のようなグラフが作成されます。

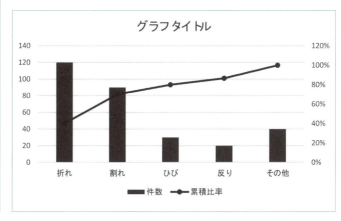

<手順7> 縦軸の設定

縦軸の設定を行います。最初に、棒に対応する左縦軸を設定します。

左縦軸の任意の目盛りをダブルクリックします。

　　　[最小値] → 「0」

　　　[最大値] → 「300」

と設定し、右上の [×（閉じる）] ボタンをクリックします。

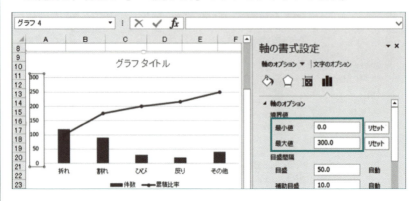

次に、折れ線に対応する右縦軸を設定します。

　右縦軸の任意の目盛りをダブルクリックします。

　　　[最小値] → 「0」

　　　[最大値] → 「1」

と設定し、右上の [×（閉じる）] ボタンをクリックします。

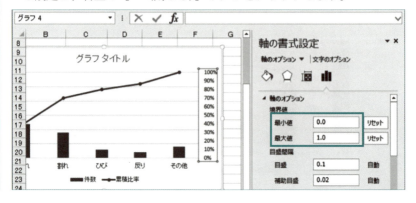

<手順8> レイアウトの修正

最後に、レイアウトを修正します。まずは、棒のすき間をなくします。
任意の件数(青色)の棒をダブルクリックします。

　　　[系列の重なり] → 「0%」

　　　[要素の間隔] → 「0%」

と設定します。

　[塗りつぶしと線] をクリックします。

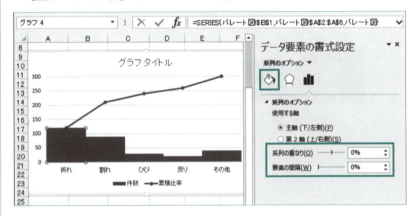

　[線(単色)] を選択し、任意の色を指定して、右上の [×(閉じる)] ボタンをクリックします。

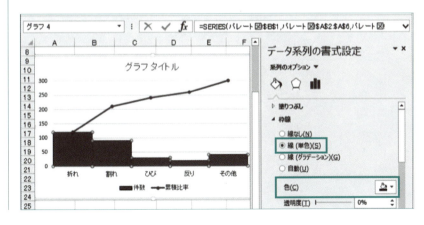

付録 ExcelによるQC七つ道具　169

任意の目盛線を選択し、Delete キーをクリックして非表示にします。

グラフタイトルを「クレーム件数のパレート図」と入力すると、次のようなパレート図が完成します。

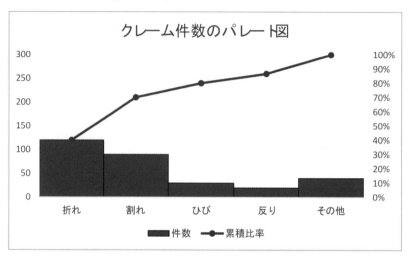

2 ヒストグラム

■データ

48	71	66	68	57
70	40	64	62	35
48	64	66	65	69
49	61	70	52	78
36	84	53	63	70
54	52	54	49	62
63	63	59	67	59
81	68	65	67	71
66	65	46	40	41
46	47	57	63	78
54	58	56	61	61
58	60	73	50	55
46	49	57	50	62
49	55	59	73	70
61	57	67	61	65
55	51	60	68	68
52	80	60	56	71
64	58	59	56	61
73	52	69	60	60
58	74	53	53	58

$n=100$

■作成手順

< 手順 1 > データの入力

A列にデータを入力します。

付録 ExcelによるQC七つ道具

<手順2> 統計量の計算

1) 測定単位の入力 　　　　　　　　　D1 = 0.1
2) データ数の集計 　　　　　　　　　D2 = COUNT（A:A）
3) 最小値の計算 　　　　　　　　　　D3 = MIN（A:A）
4) 最大値の計算 　　　　　　　　　　D4 = MAX（A:A）
5) 範囲の計算（最大値−最小値） 　　D5 = D4 − D3
6) 仮の区間の数の計算（データ数の平方根）

$$D6 = ROUND（SQRT（D2），0）$$

7) 区間の幅の計算（範囲/区間の数） 　D7 = D5/D6

区間の幅は、必ず測定単位の整数倍に丸めます。D8 = 5

D8			▾	:	× ✓ ƒx	5			✓
▲	A	B	C	D	E	F	G	▲
1	48		測定単位	0.1				
2	70		データ数	100				
3	48		最小値	35				
4	49		最大値	84				
5	36		範囲	49				
6	54		仮の区間の数	10				
7	63		区間の幅	4.9				
8	81		区間の幅(測定単位の整数倍)	5				
9	66							

<手順3> 度数分布表の作成

各区間の下側境界値、上側境界値、中心値、度数を計算して、度数分布表を作成します。

最初に、第1区間の下側境界値、上側境界値、中心値を計算します。

1) 第1区間の下側境界値（最小値−測定単位/2）

$$G2 = D3 − D1/2$$

2) 第1区間の上側境界値（下側境界値+区間の幅）

$$H2 = G2 + \$D\$8$$

3) 第1区間の中心値（（下側境界値+上側境界値）/2）

$$I2 = （G2+H2）/2$$

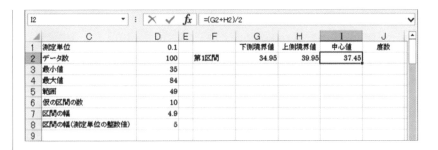

次に、第2区間の下側境界値を計算します。

4) 第2区間の下側境界値(=第1区間の上側境界値)　　G3 = H2

第2区間の下側境界値(セルG3)、第1区間の上側境界値(セルH2)、第1区間の中心値(セルI2)を、最大値を含む区間までコピー&ペーストします。

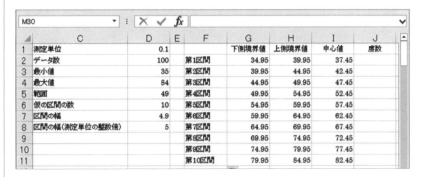

最後に、度数を計算します。

5) 第1区間の度数の計算　　J2 = FREQUENCY（A：A,H2）
6) 第2区間の度数の計算

J3 = FREQUENCY（A：A,H3）− FREQUENCY（A：A,H2）

セルJ3をJ4からJ11までコピー＆ペーストします。

	C	D	E	F	G	H	I	J
1	測定単位	0.1			下側境界値	上側境界値	中心値	度数
2	データ数	100		第1区間	34.95	39.95	37.45	2
3	最小値	35		第2区間	39.95	44.95	42.45	3
4	最大値	84		第3区間	44.95	49.95	47.45	10
5	範囲	49		第4区間	49.95	54.95	52.45	14
6	仮の区間の数	10		第5区間	54.95	59.95	57.45	19
7	区間の幅	4.9		第6区間	59.95	64.95	62.45	20
8	区間の幅（測定単位の整数倍）	5		第7区間	64.95	69.95	67.45	16
9				第8区間	69.95	74.95	72.45	11
10				第9区間	74.95	79.95	77.45	2
11				第10区間	79.95	84.95	82.45	3

＜手順4＞ グラフ挿入

セルI1に入力されている「中心値」をDeleteキーで削除します。

I1からJ11を範囲指定し、[挿入]→[縦棒グラフの挿入]→[集合縦棒]を選択します。

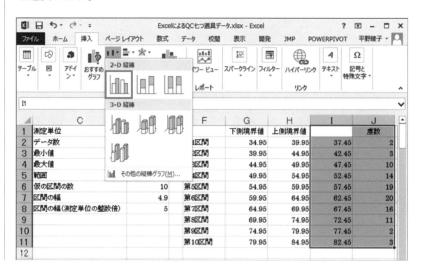

＜手順5＞ レイアウトの修正

レイアウトを修正します。まずは、棒の隙間をなくします。

任意の件数（青色）の棒をダブルクリックします。

　　　［系列の重なり］→「0%」

　　　［要素の間隔］→「0%」

と設定します。

［塗りつぶしと線］をクリックします。

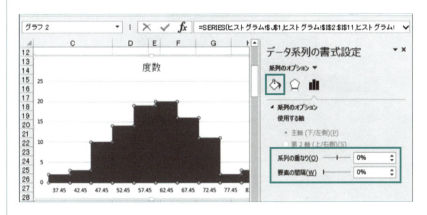

［線（単色）］を選択し、任意の色を指定して、右上の［×（閉じる）］ボタンをクリックします。

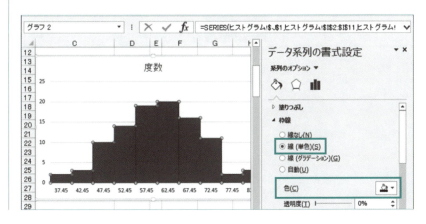

任意の目盛線を選択し、Deleteキーをクリックして非表示にします。

グラフタイトルを「度数」→「ヒストグラム」に変更すると、次のようなヒストグラムが完成します。

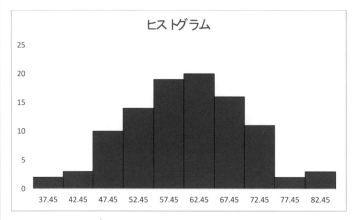

（注）正式なヒストグラムは次のように棒と目盛りが配置されます。
しかし、Excelの棒グラフは目盛りが棒の中央に来ます。

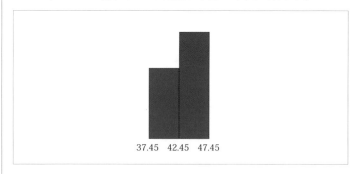

■分析ツールによる作成手順

＜手順1＞ データの入力　※作成手順と同様

＜手順2＞ 統計量の計算　※作成手順と同様

＜手順3＞ 境界値の計算　※作成手順と同様

各区間の下側境界値と上側境界値までを計算します。

＜手順4＞ 分析ツールの実行

［データ］→［データ分析］を選択します。

データ分析ダイアログボックスが表示されるので、［ヒストグラム］を選択し、［OK］をクリックします。

付録 ExcelによるQC七つ道具　177

ヒストグラムダイアログボックスが表示されるので、

　　［入力範囲］　→「A1：A100」（データ範囲）

　　［データ区間］→「H2：H11」（上側境界値の範囲）

と設定し、［グラフ作成］にチェックを入れます。

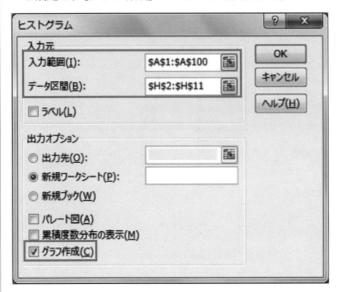

［OK］をクリックすると、新しいsheetが挿入され、次のようなヒストグラムが作成されます。

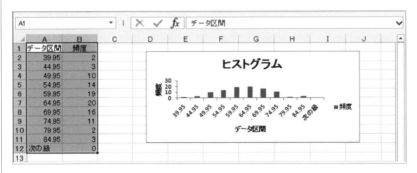

棒のすき間をなくします。凡例を選択し、Deleteキーをクリックして非表示にすると、次のようなヒストグラムが完成します。

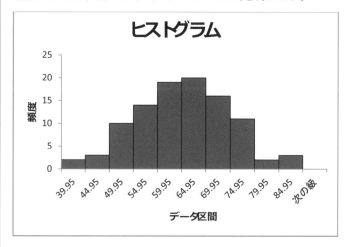

③ 散布図

■データ

製品番号	重量	強度
1	35	133
2	33	135
3	36	146
4	33	124
5	20	111
6	30	119
7	25	125
8	29	125
9	23	127
10	27	123
11	24	111
12	23	124
13	36	133
14	29	128
15	26	125
16	31	138
17	44	150
18	33	129
19	30	142
20	28	124

$n = 20$

<手順1> データの入力

つぎのように、セルA1からセルC21にデータを入力します。

<手順2> グラフ挿入

B1からC21を範囲指定し、[挿入] → [散布図 (X,Y) またはバブルチャートの挿入] → [散布図] を選択します。

<手順3> 縦軸の設定

軸の設定を行います。最初に、縦軸（強度の軸）を設定します。

縦軸の任意の目盛りをダブルクリックします。

　　　　[最小値] → 「100」

と設定し、右上の [×(閉じる)] ボタンをクリックします。

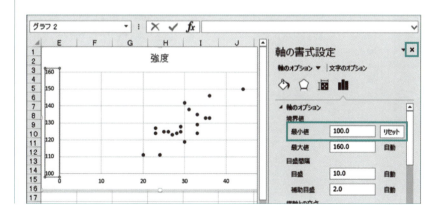

次に、横軸（重量の軸）を設定します。

右縦軸の任意の目盛りをダブルクリックします。

　　　［最小値］→「15」

と設定し、右上の［×（閉じる）］ボタンをクリックします。

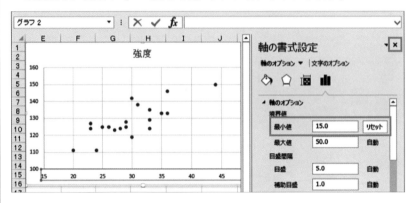

＜手順4＞ 軸ラベルの表示

縦軸と横軸にラベルを表示します。

縦軸または横軸をクリックし、［グラフ要素］→［軸ラベル］を選択します。

縦軸ラベルに「強度」、横軸ラベルに「重量」と入力します。

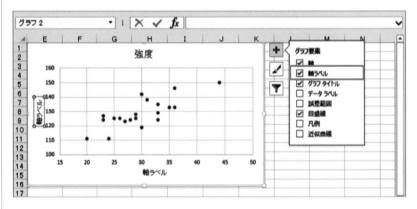

＜手順5＞ レイアウトの修正

　任意の目盛線を選択し、Deleteキーをクリックして非表示にします。

　グラフタイトルを「強度」→「重量と強度の関係」に変更し、散布図の形を正方形に整えると、次のような散布図が完成します。

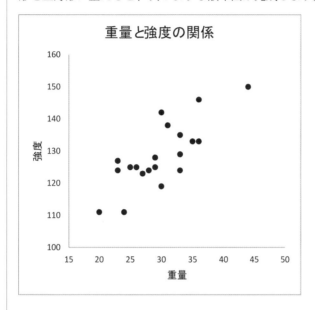

MEMO

MEMO

参考文献

『ビジュアル 品質管理の基本〈第5版〉』内田治著、日本経済新聞出版社、2016

『改善に役立つExcelによるQC手法の実践』内田治・平野綾子著、日科技連出版社、2012

『シックスシグマ・ウエイ実践マニュアル―業務改善プロジェクト成功の全ノウハウ』Peter S.Pande,Roland R.Cavanagh,Robert P.Neuman著、高井紳二（翻訳）、日本経済新聞社、2003

『新・管理者の判断力―ラショナル・マネジャー』C.H.ケプナー B.B.トリゴー著、上野一郎（翻訳）、産能大出版部、1985

『品質管理セミナー・ベーシックコース・テキスト「第2章 問題解決法」補訂第4版』日本科学技術連盟

『品質管理検定（QC検定）4級の手引き Ver.3.0』品質管理検定センター

『JIS Z 9020-2：2016 管理図―第2部：シューハート管理図』

内田治 （うちだ・おさむ）

東京情報大学総合情報学部総合情報学科・准教授。品質経営研究所、品質管理コンサルタントを経て現職。主な専門領域は、統計的品質管理、実験計画法、多変量解析、データマイニングなど。著書は『ビジュアル品質管理の基本』（日本経済新聞出版社）、『QC検定2級 品質管理の手法50ポイント』（日科技連出版社）、『すぐに使えるEXCELによる品質管理』（東京図書）ほか。現在は、東京情報大学、日本女子大学 非常勤講師。

吉富公彦 （よしとみ・きみひこ）

1986年新日本無線㈱入社。電子デバイス部品の生産技術に携わる。2001年より社内の品質管理教育を担当。その後、品質マネジメントシステムの事務局業務にも携わる。

社外活動として、2006年より日科技連の品質管理セミナーベーシックコース（以下BC）講師。2011年より同品質管理入門コース講師も兼任。2014年よりBC東京クラスST分科会委員長、同班別研究会主任講師。2010年より日本規格協会の通信講座による品質管理中級コースの教材検討委員会委員および講師。2021年より東京理科大学、東京情報大学 非常勤講師。

QCストーリーとQC七つ道具
失敗しない改善の手順と手法

2017年9月30日　初版第1刷発行
2023年8月20日　　　第5刷発行

著　　者　内田治、吉富公彦
　　　　　Ⓒ2017 Osamu Uchida、Kimihiko Yoshitomi
発 行 者　張 士洛
発 行 所　日本能率協会マネジメントセンター
　　　　　〒103-6009 東京都中央区日本橋2-7-1 東京日本橋タワー
　　　　　TEL 03(6362)4339(編集)／03(6362)4558(販売)
　　　　　FAX 03(3272)8127(編集・販売)
　　　　　https://www.jmam.co.jp/

装　　丁　冨澤崇
本文DTP　土屋デザイン室
印 刷 所　シナノ書籍印刷株式会社
製 本 所　ナショナル製本協同組合

本書の内容の一部または全部を無断で複写複製（コピー）することは、法律で認められた場合を除き、著作者および出版者の権利の侵害となりますので、あらかじめ小社あて許諾を求めてください。

ISBN 978-4-8207-2618-0 C3034
落丁・乱丁はおとりかえします。
PRINTED IN JAPAN

JMAM 既刊図書

マンガでやさしくわかる
品質管理

山田正美・諸橋勝栄・
吉崎茂夫 著
加藤由梨 作画
四六判 240ページ

プロローグ	そもそも品質とは何か？
パート1	よくわかる品質管理の基本
パート2	統計的品質管理の考え方
パート3	品質改善にやくだつQC7つ道具
パート4	不良をチェックするための「検査」
エピローグ	品質管理のこれから

母親と2人で暮らす20歳の萌木明。
大学2年生のある日、祖父母が経営するロウソク工場でアルバイトをすることになりました。そこで知り合ったスイス人の留学生・エドは、品質管理の魅力を教えてくれますが…。はたして明は、アルバイトから何を学ぶことができるのでしょうか？

日本能率協会マネジメントセンター

JMAM 既刊図書

マンガでやさしくわかる
生産管理

田中一成 著
岡本圭一郎 作画
四六判 208ページ

プロローグ	生産管理とは何か
第1章	生産管理と計画
第2章	生産管理と手配
第3章	生産管理と進度管理
第4章	生産管理のこれから

中堅文具メーカー「ノーリツ文具」のホチキス製造ラインで働く橘さとみ。ある日、そんなさとみに葛飾工場の生産管理課・副課長という辞令がくだります。持ち前の明るさで業務に励むなか、原因不明の理由で生産設備がストップ。生産管理1年目のさとみは、はたしてこのトラブルを乗り越え、製品の納入期限を守れるのでしょうか？

日本能率協会マネジメントセンター

JMAM 既刊図書

マンガでやさしくわかる
5S

高原昭男 著
星井博文 シナリオ制作
松枝尚嗣 作画
四六判 240ページ

プロローグ　5Sとはなにか
パート1　　整理・整頓する
パート2　　清掃・清潔する
パート3　　5Sで人が育つ
エピローグ　5Sには終わりがない

実家のドーナツ工場を継ぐことになった結衣は、5Sで職場を刷新することを宣言します。5Sコンサルタント・従兄弟の涼介やふだん目立たない従業員・日暮とともに満身創痍で奮闘します。最初は反対ばっかりだったみんなも、そんな姿を見て、5Sの効果を実感してくると、少しずつ変わりはじめました。さらにアンチ5Sの筆頭だったベテラン工場長・古越を何とか取り込んだのはよかったけれど、また新たなピンチが訪れます。はたして結衣のドーナツ工場は生まれ変わることができるのでしょうか。

日本能率協会マネジメントセンター